MARCA PESSOAL na ADVOCACIA

O GEN | Grupo Editorial Nacional – maior plataforma editorial brasileira no segmento científico, técnico e profissional – publica conteúdos nas áreas de concursos, ciências jurídicas, humanas, exatas, da saúde e sociais aplicadas, além de prover serviços direcionados à educação continuada.

As editoras que integram o GEN, das mais respeitadas no mercado editorial, construíram catálogos inigualáveis, com obras decisivas para a formação acadêmica e o aperfeiçoamento de várias gerações de profissionais e estudantes, tendo se tornado sinônimo de qualidade e seriedade.

A missão do GEN e dos núcleos de conteúdo que o compõem é prover a melhor informação científica e distribuí-la de maneira flexível e conveniente, a preços justos, gerando benefícios e servindo a autores, docentes, livreiros, funcionários, colaboradores e acionistas.

Nosso comportamento ético incondicional e nossa responsabilidade social e ambiental são reforçados pela natureza educacional de nossa atividade e dão sustentabilidade ao crescimento contínuo e à rentabilidade do grupo.

GESTÃO de ESCRITÓRIOS

MARIA OLÍVIA MACHADO

MARCA PESSOAL na ADVOCACIA

- A autora deste livro e a editora empenharam seus melhores esforços para assegurar que as informações e os procedimentos apresentados no texto estejam em acordo com os padrões aceitos à época da publicação, e todos os dados foram atualizados pela autora até a data de fechamento do livro. Entretanto, tendo em conta a evolução das ciências, as atualizações legislativas, as mudanças regulamentares governamentais e o constante fluxo de novas informações sobre os temas que constam do livro, recomendamos enfaticamente que os leitores consultem sempre outras fontes fidedignas, de modo a se certificarem de que as informações contidas no texto estão corretas e de que não houve alterações nas recomendações ou na legislação regulamentadora.

- Fechamento desta edição: *04.11.2024*

- A Autora e a editora se empenharam para citar adequadamente e dar o devido crédito a todos os detentores de direitos autorais de qualquer material utilizado neste livro, dispondo-se a possíveis acertos posteriores caso, inadvertida e involuntariamente, a identificação de algum deles tenha sido omitida.

- **Atendimento ao cliente: (11) 5080-0751 | faleconosco@grupogen.com.br**

- Direitos exclusivos para a língua portuguesa
  Copyright © 2025 by
  Editora Atlas Ltda.
  Uma editora integrante do GEN | Grupo Editorial Nacional
  Travessa do Ouvidor, 11 – Térreo e 6º andar
  Rio de Janeiro – RJ – 20040-040
  www.grupogen.com.br

- Reservados todos os direitos. É proibida a duplicação ou reprodução deste volume, no todo ou em parte, em quaisquer formas ou por quaisquer meios (eletrônico, mecânico, gravação, fotocópia, distribuição pela Internet ou outros), sem permissão, por escrito, da Editora Atlas Ltda.

- Capa: Daniel Kanai

CIP-BRASIL. CATALOGAÇÃO NA PUBLICAÇÃO
SINDICATO NACIONAL DOS EDITORES DE LIVROS, RJ

M132m

    Machado, Maria Olívia
    Marca pessoal na advocacia / Maria Olívia Machado. - 1. ed. - Barueri [SP] : Atlas, 2025.
    224 p. ; 21 cm.   (Gestão de escritórios)

    Inclui bibliografia
    ISBN 978-65-5977-683-2

    1. Marketing pessoal - Advocacia. 2. Etiqueta comercial. I. Título. II. Série.

24-94699   CDD: 650.14
                CDU: 174:347.965.8

Gabriela Faray Ferreira Lopes - Bibliotecária - CRB-7/6643

DEDICATÓRIA

À minha família, em especial minha mãe, meu pai e meus irmãos, que sempre foram meu alicerce, minha inspiração e meu refúgio. Vocês me ensinaram que o verdadeiro valor da vida está em cada gesto de amor, apoio e perseverança. Dedico este livro a vocês e a todos os advogados que ousam se destacar em um mundo de conformidades, encontrando na autenticidade a força para moldar o próprio destino. Que o poder da sua marca pessoal seja a chave para abrir portas de oportunidades, inspirar confiança e deixar um legado que transcenda o tempo.

SOBRE A AUTORA

Advogada com Mestrado em Direito pela Pontifícia Universidade Católica de São Paulo (PUC-SP), tem mais de 15 anos de experiência no desenvolvimento de estratégias de carreira e negócios com foco na área jurídica. Também é pós-graduada pela Universidade de São Paulo (USP) em Soft Skills e Mundo 4.0. Realizou cursos em Liderança Emocional pela Case Western Reserve University e em Neuroaprendizagem pelo Instituto Gen. É certificada pela Sociedade Brasileira de Coaching e possui domínio das ferramentas de análise de perfil comportamental e de liderança Alpha e Six Seconds. Atua como professora da Pós-Graduação da USP e do MBA da Faculdade Baiana de Direito, além de ser conselheira formada pelo Instituto Brasileiro de Governança Corporativa (IBGC). Por sua atuação bem-sucedida como mentora no desenvolvimento de carreiras jurídicas, tornou-se palestrante sobre temas como marca pessoal, liderança, produtividade, criatividade, carreira, inteligência emocional e inteligência artificial. Foi eleita Top Voice pelo LinkedIn e reconhecida entre os 150 maiores criadores de conteúdo do mundo na área de carreira. Também presidiu a Comissão Especial de Coaching Jurídico da OAB-SP e a Comissão Nacional de Coaching Jurídico da Associação Brasileira de Advogados (ABA). É autora do livro *Mentoria e Coaching Jurídicos: Transforme Você Mesmo a sua Carreira na Advocacia* e organizadora do *Manual de Coaching para Advogados: do Estado Atual ao Estado Desejado*. Além disso, é coautora de *Práticas de Diversidade e Inclusão: Cenário da América Latina*, *Legal Innovation – O Futuro do Direito e o Direito do Futuro* e *Marketing Jurídico – A Estratégia da Diferenciação*.

LinkedIn: www.linkedin.com/in/mariaoliviamachado
Instagram: @momachado

SUMÁRIO

Introdução 1

Capítulo 1 – Marca pessoal: questão de sobrevivência 9
    1.1. Autoconhecimento para chegar "lá" 11
    1.2. Qual é o som do seu tambor? 12
    1.3. Assuma a curadoria de forma e conteúdo 13
    1.4. O universo jurídico e suas peculiaridades 15

Capítulo 2 – Autenticidade depende do contexto 27
    2.1. Ser autêntico não é ser sincericida 29
    2.2. Maturidade, paciência e observação 32
    2.3. A autenticidade e seus benefícios 35
    2.4. Ponto de partida e chegada: autoconhecimento 37
    2.5. A comunicação nossa de cada dia 40
    2.6. Auditoria de marca e autenticidade 44

Capítulo 3 – Marca, *marketing* e reputação 51
    3.1. Marca pessoal: ligando os holofotes certos 54
    3.2. *Marketing* pessoal: é hora de fazer a fama 57
    3.3. Reputação: você na percepção dos outros 59

Capítulo 4 – Alto impacto e grande valor 69
    4.1. Definindo a direção da sua jornada 70
    4.2. Impacto: quanto maior, melhor 72
    4.3. Valor, preço e reciprocidade 74

4.4. Público-alvo é para acertar na mosca 76
4.5. Pondo no papel seu plano de carreira 79

Capítulo 5 – Proposta de valor diferenciada 89
   5.1. Por quê? Como? E o quê? 90
   5.2. Dois mitos a serem derrubados 94
   5.3. Proposta de valor diferenciada 97
      5.3.1. A questão mercadológica: a demanda do nicho é viável? 99
      5.3.2. A questão mercadológica: quem é o seu público-alvo e a(s) *persona*(s) que o define(m)? 101
      5.3.3. A questão mercadológica: quais os melhores canais de comunicação para falar com seu público? 102
      5.3.4. A questão mercadológica: é possível desenvolver uma esteira de produtos e/ou serviços para seu público-alvo? 103
      5.3.5. A questão mercadológica: qual é o perfil da concorrência no seu nicho? 104
      5.3.6. A questão mercadológica: quais são as possibilidades de remuneração no nicho? 105
   5.4. Diferenciação é arma estratégica 107

Capítulo 6 – Comunicar é criar conexões 119
   6.1. Fazer *networking* é natural 120
   6.2. Afinidade e reciprocidade 123
   6.3. A constelação dos "Cs" da comunicação 125

Capítulo 7 – Sua marca pessoal *on-line* 133
   7.1. Comunicação: critérios técnicos e estratégicos 134
   7.2. Terceirizar a comunicação *on-line* resolve tudo? 137
   7.3. Navegando sozinho nas mídias sociais 141
   7.4. Engajamento e conexões de confiança 143
   7.5. Práticas de comunicação assertiva 143

Capítulo 8 – Gerenciamento de riscos reputacionais 153
   8.1. Coerência nos mínimos detalhes 154

8.2. Ser acessível e compreendido por todos........................... 157
8.3. Lidando com *haters* ou pessoas tóxicas.......................... 158
8.4. Armadilhas *on-line* para sua marca pessoal..................... 161
8.5. Fatores para mitigar riscos reputacionais....................... 162
8.6. Suporte de ferramentas tecnológicas............................. 165

Capítulo 9 – Plano estratégico e ações táticas........................ 171
9.1. Estratégia desfocada e má reputação............................. 174
9.2. Medos podem detonar seu foco................................... 180

Capítulo 10 – Mantendo marca e reputação em alta................. 189
10.1. O tempo e o efeito cumulativo.................................. 190
10.2. Disciplina, qualidade e excelência............................. 194
10.3. Mantendo marca e reputação em alta............................ 197

Meu decálogo da marca pessoal... 205

Bibliografia e referências digitais.................................... 207

INTRODUÇÃO

Qualquer que seja a sua área de especialização no Direito consultivo ou contencioso, você já deve ter observado e até registrado os efeitos – nem sempre benignos – da configuração de um novo cenário para o exercício da advocacia no Brasil. Ao longo da última década, especialmente, a prestação de serviços jurídicos enfrenta a dinâmica de um conjunto de fatores, que vai do avanço acelerado da transformação digital até a ampliação do quadro anual de formação de novos bacharéis. Tudo somado, o resultado é um ambiente profissional cada vez mais competitivo e menos favorável aos ganhos de eficiência e remuneração dos advogados.

Em relação à tecnologia digital, por exemplo, existem – pelo menos, por enquanto – mais desafios do que soluções efetivas. Enquanto uma parcela mais tradicional dos advogados resiste à adoção dessas ferramentas, outros se ressentem da falta de treinamento adequado para potencializar os seus benefícios, o que reduz os ganhos de eficiência que poderiam ser gerados pelas inovações tecnológicas na rotina do trabalho jurídico. Não bastasse isso, questões como a sobrecarga de informações e a dificuldade de integração entre diferentes sistemas tecnológicos podem criar barreiras adicionais, que afetam diretamente a produtividade e a remuneração dos advogados.

Essa conjuntura desfavorável, porém, não se restringe ao setor jurídico brasileiro e, de fato, já está se verificando há bastante tempo em outros países. Por exemplo: as profundas transformações ocorridas no cenário jurídico da Europa e dos Estados Unidos levaram o advogado e consultor inglês, Richard Susskind, a questionar já no título de um de seus livros, publicado em 2008, *The end of the lawyers? Rethinking the nature of legal services* (*O fim dos advogados? Repensando a natureza dos serviços legais*, em tradução livre). Felizmente, Susskind não prevê a mera extinção dos advogados, mas afirma – já na primeira frase de seu livro – que "os advogados terão que mudar seu modo de trabalhar".[1] E, nesse ponto, estamos plenamente de acordo.

Antes de extrapolar para o cenário jurídico no Brasil, a premissa de que é preciso mudar COMO os advogados atuam, vamos refletir a respeito de algumas variáveis, que afetam hoje nossa realidade na profissão. O mercado jurídico brasileiro tem algumas peculiaridades marcantes e, no contexto dessa Introdução, vamos nos concentrar em apenas duas delas, embora outras sejam abordadas em profundidade no livro.

A primeira é a excessiva quantidade de bacharéis que a cada ano entra no mercado jurídico. De acordo com um estudo realizado pela OAB, o Brasil tem "a maior proporção de advogados por habitante do mundo. [...] Proporcionalmente, há um advogado para 164 brasileiros residentes no país".[2] Só para se ter uma ideia, no Reino Unido, essa proporção é de um advogado para cada 471 britânicos. Ainda conforme dados da OAB, existem 1800 cursos jurídicos no País com mais de 700 mil estudantes matriculados. Porém, ao se graduar, o total de aprovados no exame da Ordem não passa de 20% em média.[3]

---

[1] SUSSKIND, R. *The end of the lawyers? Rethinking the nature of legal services*. Oxford: OUPress, 2008.

[2] No artigo, *Brasil tem 1 advogado a cada 164 habitantes; CFOAB se preocupa com qualidade dos cursos jurídicos*, publicado em 2 de agosto de 2022 no site da OAB Nacional. Disponível em: https://www.oab.org.br/noticia/59992/brasil-tem-1-advogado-a-cada-164-habitantes-cfoab-se-preocupa-com-qualidade-dos-cursos-juridicos. Acesso em: 14 out. 2023.

[3] No artigo, *Brasil tem 1 advogado a cada 164 habitantes; CFOAB se preocupa com qualidade dos cursos jurídicos*, publicado em 2 de agosto de 2022 no site da OAB Nacional. Disponível em: https://www.oab.org.br/noticia/59992/

Outra peculiaridade, que, entre outros fatores, resulta da crescente oferta de profissionais sem especialização ou diferenciação, é a remuneração média em declínio. No final de 2023, o Conselho Federal da Ordem dos Advogados do Brasil (CFOAB) divulgou os dados nacionais resultantes do Estudo Demográfico da Advocacia Brasileira. Segundo o levantamento, "52% (1,37 milhão de advogados) dos inscritos na Ordem têm menos de dez anos de carreira. [...] e a maior parte recebe menos de cinco salários-mínimos por mês, o equivalente a R$ 6,6 mil.[4] Apenas 4,93% dos advogados ganham mais de 20 salários-mínimos – o piso remuneratório aproximado do Ministério Público e da magistratura".[5]

A terceira questão a ser adicionada ao cenário traçado nessa Introdução não é uma peculiaridade do mercado jurídico, mas uma característica do comportamento humano. Temos a tendência de ser conservadores, o que nos leva, por exemplo, a manter comportamentos que, comprovadamente, já não nos trouxeram os melhores resultados no passado. A seguir, vou lhe apresentar um exemplo que já é clássico na literatura de mentoria profissional. Basta a gente observar o comportamento mais comum adotado na busca por um novo emprego – em todos os setores, não apenas no jurídico.

Dentro das empresas, em geral, o primeiro passo de um recrutador é avaliar internamente os talentos que já estejam preparados para ocupar uma nova posição disponível. Caso não obtenha resultado, recorre-se aos colegas, amigos e parceiros al-

---

brasil-tem-1-advogado-a-cada-164-habitantes-cfoab-se-preocupa-com--qualidade-dos-cursos-juridicos. Acesso em: 14 out. 2023.

[4] Aqui, vale lembrar que esse valor tomou como base o salário-mínimo de 2023, quando foi realizada a pesquisa. O salário mínimo é reajustado ano a ano e a referência mais relevante no contexto é que a maioria dos advogados brasileiros recebe por mês menos do que cinco salários mínimos.

[5] Fonte: OAB, 28.11.2023. *OAB divulga dados inéditos sobre o perfil da advocacia brasileira.* Disponível em https://www.oab.org.br/noticia/61715/oab-divulga-dados-ineditos-sobre-o-perfil-da-advocacia-brasileira. Acesso em: 29 ago. 2024.

gumas indicações de profissionais com comprovada experiência. Enquanto isso, o caminho percorrido pelo candidato é o inverso: a primeira coisa que alguém faz quando busca uma nova posição é atualizar o currículo e começar a distribuí-lo. Isso, mesmo que todo mundo já saiba que os currículos são o último recurso dos recrutadores, como mostra a ilustração a seguir.

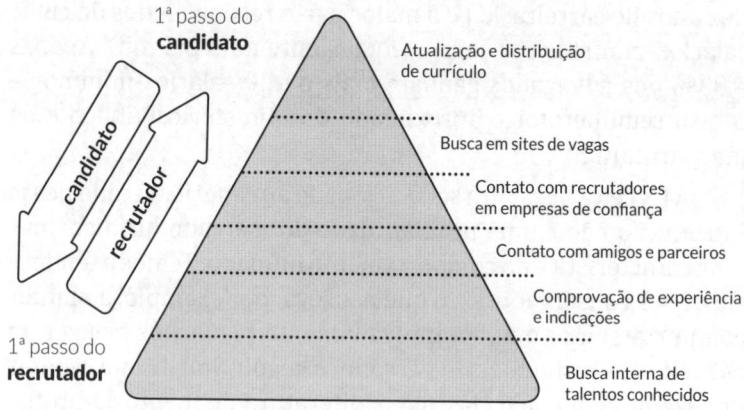

Fonte: BOLLES, R. *Qual a cor do seu paraquedas?* Rio de Janeiro: Salamandra, 1996 (adaptado).

Da mesma forma que os currículos não são a ferramenta mais utilizada pelos recrutadores, eles também não são muito eficazes para alavancar a sua carreira na advocacia e/ou atrair novos clientes. Não é somente a expertise técnica no Direito que vai assegurar sua atratividade no mercado jurídico. Em meio a esse oceano de advogados indiferenciados e nem sempre bem remunerados, como demonstram os estudos do CFOAB, como costuma reagir a maioria dos profissionais? Reagem exatamente como todos nós.

Diante de uma visão de futuro adversa, a tendência da maioria das pessoas é primeiro negar, considerando a previsão desimportante ou muito cruel. Só depois de constatar a mudança de cenário na própria pele – e no próprio bolso –, é que nos colocamos em movimento para identificar as oportunidades e buscar formas para reverter a situação. E o mais provável é que, primeiro, seja investida energia para atualizar o currículo...

Nesse ponto, advogados são iguais à maioria das pessoas: desejamos uma carreira bem-sucedida, mas resistimos às mudanças necessárias para viabilizar esse objetivo. É imprescindível criar coragem e romper os limites dos nossos comportamentos mais habituais, que nos mantêm (insatisfeitos) em nossa zona de conforto. Com minha experiência de quase 15 anos como mentora especializada na área jurídica, eu lhe asseguro que o único fator que tem energia e força para promover essa transformação é o ciclo virtuoso, que resulta da jornada de configuração e desenvolvimento de sua marca pessoal e reputação profissional.

Nesse meu segundo livro dedicado a aspectos específicos e necessários para o desenvolvimento dos profissionais do Direito, meu objetivo é compartilhar conhecimento teórico e prático para apoiar você na superação das adversidades desse novo ambiente de trabalho cada vez mais competitivo e desafiador enfrentado pelos advogados. Essa é a trajetória que me proponho a percorrer junto com você ao longo dos dez capítulos focados no passo a passo do processo de identificação, planejamento, estruturação e comunicação da sua marca pessoal como forma de utilizá-la para alavancar os resultados da sua carreira como advogado.

Sendo assim, já no Capítulo 1, partimos da premissa de que identificar e investir no gerenciamento da sua marca pessoal é uma questão de sobrevivência: apoiado nos oito pilares de sustentação da sua marca pessoal, você vai assumir sua mentalidade empreendedora para estruturar uma proposta de valor diferenciada, colocando-se em movimento na direção do seu propósito de vida para implementar ações táticas e conquistar seus objetivos estratégicos de carreira.

No segundo capítulo, nossa conversa gira em torno da autenticidade. Pela minha observação diária em relação à prática da autenticidade nas relações interpessoais, a maioria de nós faz confusão em torno da ideia do que é ser autêntico. As pessoas oscilam entre o bom-mocismo, que concorda com tudo e todos e o "sincericídio", que revela falta de empatia e respeito pelos outros. Além de exemplificar esses casos mais extremos, abordamos como a autenticidade pode – e deve – ser assumida com maturidade e equilíbrio nas situações práticas do dia a dia.

A partir do Capítulo 3, a gente começa a tratar de alguns dos aspectos mais técnicos, apresentando os mecanismos da engrenagem sinérgica entre marca, *marketing* pessoal e reputação profissional. Outra das peculiaridades da carreira no Direito, que será abordada preliminarmente aqui e aprofundada nos Capítulos 7 e 8, são as diretrizes rigorosas da OAB em relação às ações de publicidade e propaganda de advogados e seus escritórios.

No Capítulo 4, iniciamos o passo a passo da configuração de sua proposta de valor diferenciada como advogado, tratando primeiramente de questões mercadológicas mais conceituais como a identificação do seu nicho de atuação jurídica, o chamado "menor público viável", que é aquele capaz de lhe gerar receita suficiente para atingir seus objetivos de carreira. Também explicitamos conceitos como valor e impacto gerados por seus serviços jurídicos para os clientes. A relação prática aqui é de causa e efeito: somente quando o advogado sabe avaliar valor e impacto é que consegue estimar e aplicar uma remuneração diferenciada.

Aplicando ferramentas e técnicas específicas, no Capítulo 5, vamos percorrer juntos as etapas de estruturação da sua proposta de valor diferenciada. A partir de exercícios de autoconhecimento, você vai se questionar sobre o PORQUÊ, COMO e O QUE norteiam a sua carreira no Direito, com um questionário que adaptei para a sua realidade profissional como advogado com base no *Golden Circle*, do inglês Simon Sinek. Além disso, vamos nos aprofundar em questões de *marketing* e mostrar como e quais fatores considerar no processo de precificação dos seus serviços jurídicos.

Somente quando você dispuser da sua marca pessoal e da sua proposta de valor completamente configuradas, contando com objetivos e plano estratégico definidos de modo robusto, é que chega o momento de dar início às ações táticas de comunicação e *marketing* pessoal. Nos capítulos 6 e 7, abordaremos as premissas da comunicação assertiva e efetiva e a utilização de técnicas para desenvolver a habilidade para exponencializar os benefícios da sua marca pessoal e colher os frutos das suas conexões de confiança. Sendo autêntico, ninguém leva para o mundo digital aquilo que não é na vida real. Assim, mesmo uma pessoa mais tímida e avessa ao *marketing* pessoal pode se capacitar, treinar e se tornar um comunicador mais habilidoso.

Especialmente na nossa sociedade tão hiperconectada, quando alguém se expõe mais e passa a ter mais visibilidade da sua marca pessoal nas mídias sociais, a pessoa fica também mais sujeita a críticas e mais vulnerável a algumas armadilhas do processo de comunicação. Assim, no Capítulo 8, nosso foco é direcionado ao gerenciamento de riscos reputacionais, aplicável tanto à comunicação *off-line* quanto à *on-line*. É crucial aprender técnicas, por exemplo, para lidar com *haters*, mas também adotar premissas como a coerência e consistência na prática de valores, além de estar em conformidade com as diretrizes da OAB referentes à divulgação de serviços jurídicos.

No Capítulo 9, vamos propor novas reflexões sobre a relevância de contar com um plano estratégico consistente e implementar ações táticas coerentes para evitar os efeitos deletérios sobre sua reputação profissional e promover uma jornada profissional bem-sucedida e sustentável. No plano estratégico, estão as decisões fundamentais para o desenvolvimento da sua carreira com visão de longo prazo; no tático, estão as ações específicas com repercussão em menor escala e em curto prazo, mas que têm efeitos cumulativos e viabilizadores da conquista das suas metas profissionais.

E, finalmente, no Capítulo 10, ao encerrarmos nosso trabalho em conjunto nesse livro, faço questão de retomar e compartilhar alguns pontos que sei que são essenciais para o seu sucesso na carreira. Um deles é a paciência; a capacidade de agir e dar tempo ao tempo sem ser capturado pela ansiedade, pela pressa e pela pressão de "chegar lá". Outro é a conscientização de que essa jornada é, de fato, um ciclo iterativo: para manter marca pessoal e reputação profissional em alta, periodicamente, você deve fazer uma espécie de... auditoria interna. Isto é, um processo quantitativo e qualitativo de avaliação e reavaliação do seu sucesso como advogado para fazer ajustes e executar uma abordagem cada vez mais estruturada e orientada para os melhores resultados na sua carreira.

Na verdade, você vai estar dedicado à configuração da sua marca pessoal e à consolidação da sua reputação profissional para sempre. O processo é orgânico, sinuoso e... longo. De fato, tem a duração de uma vida inteira. O que posso lhe assegurar, porém, é que ao longo de toda minha trajetória como mentora, cada um dos meus clientes – sem exceção –, quando começa a perceber os benefícios e os efeitos exponenciais da sua marca pessoal acaba por me dizer algo como: "Olívia, eu só gostaria de ter começado ANTES todo esse processo." E, nesse momento, eu também me sinto satisfeita por ter como propósito ser mentora de outros advogados para que eles percorram com êxito e alegria a sua jornada de desenvolvimento profissional.

Portanto, com este livro, espero estar contribuindo para que a sua jornada em marca e *marketing* pessoal seja mais consciente, estruturada e bem-sucedida – e que eu tenha conseguido adicionar também uma dose de diversão e prazer ao seu ciclo de desenvolvimento de carreira. Porque, afinal, é somente quando a gente faz o que mais gosta que consegue atingir o patamar da excelência. Por fim, organizei meu *Decálogo da marca pessoal*, com as dez frases que considero mais relevantes sobre o tema para que você as leia e releia sempre que estiver precisando renovar energias para seguir em frente em sua trilha de desenvolvimento profissional.

Boa leitura e, para ter acesso a novos conteúdos focados em mentoria especializada em advogados e/ou me oferecer um *feedback* sobre o livro, basta você se conectar comigo pelo Instagram ou LinkedIn: www.linkedin.com/in/mariaoliviamachado ou @momachado.

Capítulo **1**

MARCA PESSOAL: QUESTÃO DE SOBREVIVÊNCIA

Marca pessoal todo mundo tem. Eu tenho a minha, você tem a sua. Cada um de nós já nasce com a própria marca pessoal. Cada pessoa tem "o seu jeito" de se relacionar com os outros e com as circunstâncias – e isso já se expressa desde que somos ainda bebês. Antes mesmo de saber falar ou ter a mínima consciência disso, cada criança se comunica de maneira diferente e "pede ajuda" da mãe e do pai quando sente fome, frio, sede ou sono...

Há bebês que choram muito e bem alto logo no primeiro sinal de desconforto, enquanto outros se expressam de um modo mais tranquilo – desde que suas necessidades sejam atendidas – e só começam a chorar se a solução do problema demorar demais. É assim que cada bebê expressa seu jeito de ser e estar no mundo, manifestando desde muito cedo sua marca pessoal e intransferível. Essa linguagem sem palavras dos bebês é muito eficiente e eficaz: eles conseguem dos pais tudo que precisam. É uma questão de sobrevivência.

Com o passar do tempo, ou melhor, com o acúmulo de vivências e de interações com o ambiente ao nosso redor, vamos modelando – consciente e inconscientemente – esse nosso jeito de ser e de nos expressar. Mesmo que a gente não perceba, estamos o tempo todo nos comunicando. É nosso jeito de movimentar o corpo, a escolha das roupas, a maneira de olhar, os comportamentos mais característicos, o tom de voz... Muito além das palavras, tudo em nós "fala" com os outros, apresenta nosso jeito de ser e expressa nossa marca pessoal.

Na vida adulta, a questão chave é compreender de que forma os mecanismos conscientes e, principalmente os inconscientes, estão influenciando positiva ou negativamente nossa comunicação com as pessoas com quem nos relacionamos e com as circunstâncias. Isso porque, embora inata e, em grande parte moldada pelo conjunto de nossas experiências passadas, a marca pessoal não fica escrita em pedra. Ao contrário: é flexível e pode ser cuidadosamente planejada e gerenciada, permitindo que você projete uma imagem (real) específica e desejada.

Em outras palavras, você nasceu com características únicas e exclusivas, que moldam sua marca pessoal e formam sua subjetividade individual, que também é bastante influenciada pelas circunstâncias externas, como explica a psicanalista Vera Iaconelli: "Mantenhamos em mente que a subjetividade não se dá fora da época e da cultura, sendo, pelo contrário, seu efeito e sua causa". Tomando consciência disso, você pode treinar para se comunicar de modo mais eficiente e eficaz, aprimorando a capacidade de usar a linguagem da marca pessoal para obter recursos externos e satisfazer suas necessidades. Você é sua marca e pode fazer com que ela lhe proporcione os melhores resultados pessoais. Mais do que sobrevivência, essa agora é uma questão do seu próprio bem-estar na vida – pessoal e profissional.[1]

---

[1] Já na Introdução do meu livro anterior, *Mentoria e coaching jurídicos* (São Paulo: Juruá, 2022), eu afirmava o seguinte: "Não dá para isolar a vida profissional da pessoal. Como cada um de nós é uma pessoa única e indivisível em suas características e, por isso, é preciso tomar consciência de que, para ser mais feliz e realizado na vida como um todo, você precisa conseguir conquistar um patamar de satisfação pessoal também no trabalho. Por isso, daqui em diante, vou me referir apenas à sua carreira na advocacia e vida profissional, que é o objetivo da abordagem desse livro, mas não perca de vista que essas duas dimensões (pessoal e profissional) estão integradas e são inseparáveis". N. A.

1.1. Autoconhecimento para chegar "lá"

Faça uma avaliação preliminar para entender se hoje a sua marca pessoal está contribuindo, ou não, para que você atinja seus objetivos. Aliás, quais são mesmo os seus objetivos? Você quer "chegar lá", mas qual é o "lá" em que você quer chegar? O que você transmite aos outros em suas interações presenciais e virtuais está lhe trazendo mais benefícios do que malefícios? Quais são os aspectos negativos? Quais os positivos? Ou você ainda nem se deu conta de que já tem e já expressa sua marca pessoal durante 24 horas dos 365 dias de cada ano?

Não dá para avaliar a contribuição – positiva ou negativa – da sua marca pessoal sem que antes você tenha muito bem definidos os seus objetivos. Por esse motivo, antes de iniciar um processo para aprimorá-la, o primeiro passo é investir no autoconhecimento para que tudo ocorra de forma adequada e eficiente. Você tem que ter uma imagem mental bem nítida e completa do que quer para seu futuro. Essa é uma questão essencial: o seu propósito e os seus valores têm que estar alinhados com os seus objetivos profissionais.

Sem parar para refletir sobre isso, você pode seguir meio por inércia e corre o risco de acabar insatisfeito. É preciso identificar bem claramente o que é "da boca para fora" e aquilo que você quer para valer. Mantenha sempre em mente: quem não sabe hoje o que quer, vai ter mais dificuldade para encontrar o caminho dos objetivos futuros. Esse é um ponto que descrevo, explico detalhadamente e apresento ferramentas de diagnóstico e exercícios em meu livro anterior *Mentoria e coaching jurídicos* (São Paulo: Juruá, 2022). Por essa razão, estou retomando aqui somente alguns conceitos gerais para assegurar que você compreenda o processo como um todo, ok?

Vou dar um exemplo de um objetivo de vida daqueles que me parecem "da boca para fora". Outro dia, estava conversando com uma grande amiga e ela soltou o seguinte: "Quero juntar grana para me 'aposentar' aos 45". Fiquei curiosa. Para ela, o que será que significa aposentar? Para muita gente, os 45 anos é o auge da carreira, principalmente, com o sucesso dela. Será que ela queria mesmo dar uma pausa total? Como essa ideia não batia com o que eu conheço dela, perguntei mais. Ela me disse: "Quando falo 'aposentar', é sobre ter minha liberdade...". Fiquei pensando, que liberdade? Então, ela me mostrou uns *posts* de uma conhecida nossa, nômade digital: "Imagina só! Viajar o mundo e trabalhar de qualquer cantinho? Adoro ver as aventuras dela *on-line*... Queria isso para mim".

Brinquei com ela: "Mas nômade digital é um *lifestyle*, não é um propósito, né? Você acha que ia gostar de todo dia estar longe da sua família e dos seus amigos? E as coisas que a gente não vê nas postagens dela?". Minha amiga deu uma risada e ficou pensando. Foi uma conversa leve e divertida entre nós. Não era nada sério, mais um bate-papo entre amigas. Se fosse uma sessão de mentoria, teríamos ido mais fundo para entender esses sonhos e o significado deles. Ou seja, para falar a sério e buscar os melhores resultados com sua marca pessoal, o ponto de partida tem que ser ampliar o autoconhecimento, combinado?

1.2. Qual é o som do seu tambor?

Aqui com você, vou seguir aprofundando especificamente a pergunta que fiz à minha amiga sobre as mídias sociais: "Já pensou na parte da vida das pessoas que você não vê nas postagens?" Sob a perspectiva da neurociência, não dá para ninguém ser feliz 24 horas, todos os dias da semana, nos 365 dias do ano:[2] aqueles unicórnios que a gente vê nas postagens das outras pessoas são apenas uma ilusão amplificada pelas mídias sociais – que pode não ser boa para ninguém. Se a pessoa que está postando é daquelas escravas das mídias sociais, ela vive nessa ilusão e acaba desconectada das próprias emoções e do autoconhecimento. E, para você, também não faz nada bem ficar acreditando na eterna felicidade dos outros. E, às vezes, até sentir inveja da vida alheia.

E peço desculpas à minha amiga, que citei nos parágrafos anteriores, mas vou trazê-la de volta à nossa conversa para exem-

---

[2] Leia o Capítulo 1 – *A disputa com o cérebro sabotador*, do meu livro *Mentoria e coaching jurídicos* (São Paulo: Juruá, 2022).

plificar o que eu estou falando. Enquanto acreditar que a outra pessoa é mais feliz do que ela porque trabalha como nômade digital, vai estar dando mais atenção à vida dos outros do que à própria. Fica lá distraída com os unicórnios alheios, acredita que a "liberdade de um nômade digital" é tudo que ela precisa para ser feliz e segue em frente sem questionar se esse é, ou não, seu real objetivo e propósito.

Tem gente que, sem nem perceber, passa a vida em busca daquilo que os outros consideram importante e bacana em vez de identificar e ir atrás do que está em sintonia com os seus valores. O poeta norte-americano Henry David Thoreau (1817-1862) tem uma frase de que gosto muito: "Se um homem marcha com um passo diferente de seus companheiros, é porque ouve outro tambor". O som do seu tambor é o da sua singularidade; é único e só seu. Para marchar diferente dos outros, a gente tem que se autoconhecer, identificar o nosso propósito de vida e seguir o próprio caminho. É preciso ter coragem para silenciar as mídias sociais e dar um tempo para se autoconhecer com mais profundidade. Você precisa de um pouco de silêncio para ouvir o som do tambor que bate dentro de você e andar no ritmo e na direção que quer. Qual é o som do seu tambor?

1.3. Assuma a curadoria de forma e conteúdo

Além de dar um tempo na vida alheia exposta nas mídias sociais, você precisa conseguir escapar da armadilha do "mundo bolha". Sabe aquele círculo vicioso? Quanto mais você abre na internet as fofocas sobre celebridades ou notícias da polarização política no mundo, mais os algoritmos lhe oferecem uma avalanche de novos *links* sobre os mesmos temas. Quanto mais você compartilha *fake news* nos grupos da família e dos amigos, mais eles devolvem o mesmo tipo de conteúdo para você. É uma sobrecarga tão grande de informações – falsas e reais – que a gente nem consegue triar o que vale e o que não vale a pena ser consumido, como afirma Peter Burke:[3]

---

[3] Peter Burke é professor emérito de História Cultural da Universidade de Cambridge e autor traduzido.

> *Os indivíduos experimentam um dilúvio de informações e muitas vezes não conseguem selecionar o que querem ou do que precisam, uma condição também conhecida como 'falha de filtro'. Como consequência disso, nossa assim chamada era da informação permite a difusão da ignorância tanto quanto a difusão do conhecimento.*

É assim, não é? Mas não precisa ser. É importante ser capaz de exercer a curadoria sobre aquilo que a gente consome: você quer estar sintonizado na difusão do conhecimento ou da ignorância? É possível "ensinar" outro comportamento aos algoritmos para que passem a lhe oferecer *links* mais alinhados ao seu propósito e valores. Para isso, uma das ferramentas mais úteis de lapidação da sua marca pessoal é o pensamento crítico, um método que nos ajuda a parar de pensar como todo mundo, isto é, sem diferenciação.

Em vez de seguir o *main streaming*, a gente lembra que "o que é bom para os outros pode não ser, necessariamente, bom para nós também" e se pergunta: O que eu quero? Qual meu propósito? Para onde me levam meus objetivos? Direcionado pelo autoconhecimento e pelo pensamento crítico, você pode, consciente e racionalmente, quebrar o círculo vicioso do mundo bolha e deixar de ficar refém dos algoritmos... As ferramentas digitais, a inteligência artificial e o que mais a tecnologia nos trouxer no futuro têm que servir para facilitar a nossa vida e, não, para determinar o que somos e o que consumimos. Você é o protagonista e avança ao som do próprio tambor.

Nesses parágrafos anteriores, pode até parecer que eu estou apenas reafirmando aquele antigo conceito: "Não ligue para a opinião dos outros; não ligue para o que os outros dizem. Seja você mesmo e siga em frente". Não é bem assim, não. Existe outro aspecto bastante importante dessa questão, que costuma ser deixado de lado: o que os outros percebem e falam sobre você é resultado direto daquilo que você comunica por meio da sua marca pessoal. Portanto, o equilíbrio não está em nenhum dos dois extremos dessa equação.

É claro que a gente não deve viver em função da opinião ou do que os outros consideram o melhor para nós. Por outro lado, as pessoas podem nos dar *feedbacks* construtivos, capazes de nos ajudar a aprimorar o que nossa marca "fala" sobre nós. Uma abordagem balanceada e racional dessa perspectiva seria: você não deve se deixar moldar pelo que os outros dizem, mas precisa, sim, estar bem-informado e sempre atento ao que os outros percebem como os principais atributos da sua marca pessoal. É com as informações que os outros lhe passam que você torna mais eficaz a comunicação da sua marca pessoal, avançando para obter os recursos necessários para aumentar o seu bem-estar e satisfação profissional.

É a sua curadoria de forma e conteúdo que vai fazer você encontrar o ponto de equilíbrio entre esses dois aspectos aparentemente contraditórios da relação que a gente estabelece com os outros: aprender a "ouvir" somente aquilo que contribui para aprimorar o nosso desempenho e "ignorar" todo o restante. Um resultado que requer autoconhecimento, pensamento crítico e o que chamo de os três "Ps" do amadurecimento: paciência, parcimônia e ponderação.

Incorporados à sua marca pessoal, esses três "Ps" vão colocar você em um patamar diferenciado na interação com as outras pessoas. Nada de conversas polarizadas, discussões explosivas, fortes ímpetos de vingança ou aquela inveja da falsa felicidade alheia... Todas essas emoções mostram desequilíbrio e imaturidade. Em vez disso, você vai passar a manter relações mais construtivas e producentes, porque sabe o que quer e por onde seguir para alcançar seu propósito e objetivos. O principal e mais significativo benefício dos programas de mentoria jurídicos que realizo é justamente essa elevação do grau de maturidade da pessoa. Fico muito satisfeita e realizada quando atingimos esse resultado com nosso trabalho, porque é algo que só se reverte em novos benefícios para a vida e a carreira das pessoas – em especial, dos advogados.

1.4. O universo jurídico e suas peculiaridades

O universo jurídico tem algumas peculiaridades, principalmente no Brasil. Você, como advogado(a), sabe bem disso, mas pode não ter parado ainda para refletir sobre como algumas delas influenciam a sua carreira e como você pode se beneficiar nesse cenário, usando a sua marca pessoal. Por exemplo, a maioria dos clientes só procura um advogado quando está com um problema (contencioso) ou, em uma minoria dos casos, quando quer prevenir um grave problema potencial (consultivo). Até mesmo a medicina preventiva já conquistou mais espaço: pode não ser ainda a maioria dos pacientes, mas boa parte das pessoas já adquiriu o hábito de ir ao médico rotineiramente para fazer *checkups* e prevenir e/ou diagnosticar precocemente alguma doença. A saúde está ótima, mas não custa verificar.

Na advocacia, é um pouco diferente. Embora seja crescente nas grandes e médias empresas a cultura de contar com suporte jurídico preventivo e não apenas no contencioso, a maioria das pessoas físicas recorre a um advogado só quando se vê diante de um problema já estabelecido. Ainda é uma ínfima minoria os brasileiros que buscam um profissional para fazer prevenção, por exemplo, em planejamento sucessório, direito imobiliário ou aconselhamento jurídico em questões trabalhistas e previdenciárias. E essa realidade não vai mudar em curto prazo...

Na prática, isso significa que, diante de um problema, o cliente quer ter certeza de que está contratando um "advogado de confiança": ou seja, o profissional mais qualificado para solucionar seu caso com o melhor resultado possível. E aí é que começa outro problema: como identificar "o melhor" profissional? É realmente um desafio, porque ele se vê diante de uma multidão indiferenciada de advogados. Segundo a OAB, o país tem "a maior proporção de advogados por habitante do mundo. Ao todo cerca de 1,3 milhão de advogados exercem regularmente a profissão entre 212,7 milhões de pessoas (IBGE). Proporcionalmente, há um advogado para 164 brasileiros residentes no país".[4]

---

[4] No artigo, *Brasil tem 1 advogado a cada 164 habitantes; CFOAB se preocupa com qualidade dos cursos jurídicos*, publicado, 2 ago. 2022, OAB Nacional. Disponível em: https://www.oab.org.br/noticia/59992/brasil-tem-1-

Para dimensionar esses números, basta compará-los aos de outros países. Na vizinha Argentina, há um advogado para cada grupo de 365 habitantes; em Portugal, a proporção é de um para 625 pessoas; e, no Reino Unido, é de um profissional do Direito para cada 471 britânicos. Ainda de acordo com a OAB, existem 1.800 cursos jurídicos no Brasil com mais de 700 mil estudantes matriculados e, ao se formar, o total de aprovados no exame da Ordem não passa em média dos 20%.[5] Somos, de fato, o maior complexo industrial do mundo na produção de bacharéis.

Diante das estatísticas, dois pontos ficam evidentes. O exame da OAB acaba funcionando como um primeiro filtro de qualificação profissional, mas, mesmo assim, no Brasil, os advogados estão mergulhados em um oceano de indiferenciação. Isso se torna realidade especialmente para aqueles advogados que optam por não definir um segmento de atuação e não se especializar nele. Fazem de tudo um pouco e se aprofundam em nada.[6] Em geral, essa opção resulta do receio de perder clientes, ou seja, o profissional considera que, se for especialista em uma área, está deixando de conquistar clientes de outras. Em tese, teria mais chance de ter uma carteira de clientes maior e mais diversificada. Na prática, não é o que verifico: advogados que preferem se manter sem foco especializado tendem a ter uma carreira menos bem-sucedida e, portanto, são mais insatisfeitos com o próprio trabalho.

Diante desse oceano de indiferenciação, o melhor instrumento de navegação do advogado é a marca pessoal. Ela é a

---

-advogado-a-cada-164-habitantes-cfoab-se-preocupa-com-qualidade-dos--cursos-juridicos. Acesso em: 14 out. 2023.

[5] No artigo, *Brasil tem 1 advogado a cada 164 habitantes; CFOAB se preocupa com qualidade dos cursos jurídicos*, publicado, 2 ago. 2022, OAB Nacional. Disponível em: https://www.oab.org.br/noticia/59992/brasil-tem-1--advogado-a-cada-164-habitantes-cfoab-se-preocupa-com-qualidade-dos--cursos-juridicos. Acesso em: 14 out. 2023.

[6] Veja no Capítulo 2 do meu livro *Mentoria e coaching jurídicos* (São Paulo: Juruá, 2022) a diferença entre a atuação e os resultados alcançados pelo que chamo de o "advogado bombril" e o "advogado árvore".

bússola do seu processo de diferenciação porque é por meio dela que você se comunica com as pessoas e com o mercado.

Na perspectiva do cliente, não basta entrar na internet e procurar o escritório de advocacia mais próximo. Ele quer um profissional com quem possa iniciar uma relação de confiança, que é a base de todo tipo de prestação de serviços, em especial, dos serviços jurídicos. Para isso, ele procura alguém que lhe dê a indicação do nome de um profissional ou, pelo menos, de um escritório. Quanto mais indiferenciado for o mercado, mais o cliente vai buscar um "patamar mínimo de referência".

O ponto aqui é o seguinte: sua marca pessoal é justamente esse "patamar mínimo de referência"; é daí que vai derivar também sua reputação profissional.[7] Ao expressar seus valores, habilidades e conhecimentos de forma clara e autêntica, você abre a porta para criar uma conexão mais forte com os clientes, baseada na confiança e na percepção de expertise na sua área de atuação. No cenário atual, os clientes são cada vez mais seletivos para escolher um advogado e ter sua marca pessoal sólida e coerente pode ser o fator determinante para aumentar a carteira e fidelizar os atuais.

Ao longo da nossa jornada conjunta nesse livro, no entanto, posso assegurar que você vai compreender que a marca pessoal vai muito além do *marketing* e da autopromoção para conquistar uma carteira de clientes mais robusta e lucrativa. Nós estamos falando aqui também sobre liderança, *mindset* empreendedor e, principalmente, sobre a conquista de um novo patamar como referência profissional e de maturidade pessoal. Marca pessoal não é isso ou aquilo: é um "combo" de atributos, que sintetizo em oito pilares, que vou lhe apresentar a seguir e detalhar nos próximos capítulos, ok?

---

[7] Sobre essa questão de a marca pessoal dar origem a sua reputação, não deixe de ler o Capítulo 3 deste livro, Marca, marketing e reputação.

Os oito pilares da sua marca pessoal

1. Autenticidade

O substrato de sua marca pessoal não pode ser, de maneira nenhuma, um personagem falso, construído a partir das demandas do mercado e das expectativas das pessoas ao seu redor. Seu alicerce mais sólido é a autenticidade com que você age em cada diferente contexto em que se encontra. É aqui que costuma surgir certa ambiguidade: a maioria das pessoas entende que, se você age diferente em cada contexto, então, está sendo falso. Não é assim, não. A gente adapta o comportamento a cada contexto e situação, de forma consciente e madura. Mas a essência do seu propósito e da prática de seus valores não se altera nunca – nem mesmo diante das piores adversidades. Essa é uma questão tão importante que o Capítulo 2 será totalmente dedicado à Autenticidade.

2. Valores e princípios

Manter a autenticidade dos nossos comportamentos, portanto, nos leva a nossos valores e princípios. Para identificá-los, é importante refletir sobre nossas experiências, convicções e aspirações. Pergunte-se quais são as características e qualidades que você mais admira em si mesmo e nos outros, e quais são os princípios morais e éticos que regem sua conduta. Isso inclui não apenas o que você faz, mas também a maneira como você se comporta, se comunica e interage com os outros. Essas reflexões fornecerão uma base sólida para sua marca pessoal, assegurando que seja autêntica e consistente.

3. Proposta de valor

Para identificar sua proposta de valor, você passa realmente por um processo de diagnóstico: comece analisando suas competências, conhecimentos e experiências passadas. Considere os sucessos, paixões e suas habilidades únicas, capazes de agregar valor a novos projetos ou futuros contratantes. Esse processo de autoavaliação permitirá que você identifique o que o distingue e o torna especial, ajudando a moldar sua marca pessoal. Durante o diagnóstico, é importante ser específico e concreto. Evite generalizações ou jargões e, em vez disso, concentre-se em exemplos tangíveis de como você pode agregar valor. Nós vamos abordar cada etapa e aplicar algumas ferramentas adequadas ao processo de configuração da sua proposta de valor no Capítulo 5.

4. Visão e objetivos

Na articulação entre a visão e os objetivos para a configuração de sua proposta de valor, gosto de fazer analogia com a montagem de um quebra-cabeça: isso proporciona uma imagem nítida das etapas do processo e da utilidade da definição clara da sua visão e objetivos. Na construção da marca pessoal, a visão é a representação do que você quer que sua marca represente e como deseja ser percebido pelos outros. Por isso, deve ser inspiradora, clara e alinhada com seus valores e atributos únicos. É o que lhe dará um senso de direção e foco, permitindo que você siga um caminho coerente em sua jornada de carreira, fortalecendo seu compromisso com o aprendizado e desenvolvimento contínuos.

5. Comunicação *off-line* e *on-line*

Nossa marca pessoal se comunica o tempo todo – mesmo sem usar as palavras. Quando se trata de falar ou escrever, no entanto, a importância da comunicação sobe às alturas tanto *on-line* quanto *off-line*. Além do domínio da norma culta – sem pedantismos e exageros desnecessários -, é crucial aplicar o pensamento crítico para apresentar uma linguagem clara e consistente, que destaque seus pontos fortes, habilidades e valores fundamentais. Isso inclui aprimorar suas habilidades de comunicação verbal e escrita, bem como adaptar seu estilo de comunicação às diferentes plataformas e públicos.[8] A mensagem que você transmite deve ser congruente com sua marca pessoal, reforçando sua proposta de valor e estabelecendo conexões significativas com seu público-alvo. Conheço uma jornalista que, quando seleciona alguém para sua equipe, começa triando pelo texto do currículo: "Se tiver um só erro de gramática ou ortografia, descarto o currículo. Há profissões em que o domínio da linguagem é condição *sine qua non*. Jornalista é uma delas". A carreira na advocacia é outra.

6. *Networking* presencial e virtual

O primeiro ponto aqui é saber fazer a distinção entre *networking*, puxa-saquismo indisfarçável e o ímpeto de apertar a mão e conhecer o Brasil... Ao realizar ações de *networking*, é essencial adotar uma abordagem genuína e colaborativa. Na verdade, fazer *networking* é mais um momento de exercício da sua autenticidade. Isso significa querer de verdade conhecer o outro, ouvi-lo atentamente, demonstrar a sua empatia e estar disposto a compartilhar conhecimento e experiências. Oferecer ajuda e apoiar, sem esperar algo em troca, fortalece sua imagem como um profissional confiável e colaborativo. Ao estabelecer conexões com outros profissionais e especialistas de diversas áreas, você expande sua rede de contatos, abre portas para novas oportunidades e agrega visibilidade e credibilidade à sua marca pessoal. Isso vale para relacionamentos presenciais e virtuais.

7. Imagem e comportamento

A maneira como você se apresenta diante das pessoas, postura do corpo, tom de voz, comportamentos habituais, como pontualidade, e ainda a maneira de se vestir... Tudo isso "fala sem palavras" e desempenha um papel decisivo na construção de sua marca pessoal. Para começar, considere

---

[8] Sobre o processo efetivo de comunicação *off-line* e *on-line* e as melhores ferramentas disponíveis, vamos conversar nos Capítulos 6 e 7.

sua aparência física, que inclui o modo como você se veste e se cuida. Selecione roupas e acessórios que transmitam confiança e profissionalismo, e que estejam de acordo com o ambiente e o contexto em que você está inserido. Ao mesmo tempo, permita que sua personalidade brilhe, mostrando um estilo próprio e autêntico, mas sempre mantendo o equilíbrio com a prática dos três "Ps": paciência, parcimônia e ponderação. Lembre-se de que a percepção de sua marca pessoal é resultado de todas as interações que mantém com os outros. Portanto, tenha consciência de suas ações e comportamentos em todas as situações, garantindo que sejam coerentes e reflitam os valores e objetivos que você deseja transmitir.

8. *Mindset* empreendedor

Todos os sete pilares anteriores são relevantes para aprimorar sua marca pessoal, mas lhe serão de pouca valia, caso você deixe de articulá-los a partir da perspectiva do seu *mindset* empreendedor. Não importa se você trabalha no departamento jurídico de uma empresa ou em um escritório de advocacia ou mesmo se está assumindo sua carreira de profissional liberal na advocacia, há um fator irreversível em tudo isso: para ser um profissional de alto desempenho vai precisar acionar e desenvolver seu *mindset* empreendedor, que reúne três competências fundamentais e estruturantes, que são o pensamento crítico, a inteligência emocional e o domínio da gestão do tempo. Essas são as competências essenciais (*real skills*) para sustentar seu objetivo de cuidar do próprio desenvolvimento de carreira com visão de negócios e obter os melhores resultados. O *mindset* empreendedor é a força motriz, é aquilo que vai colocar você em movimento ao som do próprio tambor e na direção do seu propósito de vida e objetivos estratégicos e táticos de carreira.

Nos próximos capítulos, vamos conversar bastante sobre cada um desses pilares da sua marca pessoal, apresentando também técnicas e ferramentas para você assumir o protagonismo de seu desenvolvimento de carreira e atuar no dia a dia com mais produtividade e menos estresse. O Brasil, ano a ano, tem sido um dos países com maiores índices de indivíduos com depressão e com a síndrome de *burnout* (síndrome de esgotamento profissional).[9] A gente lê e ouve isso com frequência cada vez maior nos meios de comunicação, não é? Mas você não precisa fazer parte dessas estatísticas. Um coisa eu posso lhe garantir: dá para ser feliz no trabalho – seja como advogado ou fazendo uma transição de carreira.

 Sinopse legal

- Marca pessoal todo mundo tem e se comunica por meio dela. Sem nem ter a mínima consciência disso, desde bebês expressamos "nosso jeito de ser" em uma linguagem sem palavras. Essa comunicação dos bebês é muito eficiente e eficaz: é com essa "marca pessoal" que conseguem dos pais tudo que precisam para sobreviver.
- Na vida adulta, Mesmo que a gente não perceba, estamos o tempo todo nos comunicando com nossa marca pessoal. É nosso jeito de movimentar o corpo, a escolha das roupas, a maneira de olhar, os comportamentos mais característicos, o tom de voz...
- A questão chave é compreender de que forma os mecanismos conscientes e, principalmente os inconscientes, estão influenciando positiva ou negativamente nossa comunicação com as pessoas com quem nos relacionamos e com o ambiente ao nosso redor.

---

[9] YONESHIGUE, B. Burnout: 1 a cada 5 profissionais de grandes corporações sofre de esgotamento no Brasil, mostra pesquisa inédita. *O Globo*, 13.10.2022. Disponível em: https://oglobo.globo.com/saude/bem-estar/noticia/2022/10/burnout-1-a-cada-5-profissionais-de-grandes-corporacoes-sofrem-de-esgotamento-no-brasil-mostra-pesquisa-inedita.ghtml. Acesso em: 1 nov. 2023.

- Apesar de ser inata e, em grande parte moldada pelo conjunto de nossas experiências e circunstâncias passadas (cultura e época), a marca pessoal não fica escrita em pedra. Ao contrário: é flexível e pode ser cuidadosamente planejada e gerenciada, permitindo que você projete uma imagem (real) específica e desejada.
- Você é sua marca e pode fazer com que ela lhe proporcione os melhores resultados pessoais. Mais do que sobrevivência, essa agora é uma questão do seu próprio bem-estar na vida – pessoal e profissional – sem perder de vista que essas duas dimensões (pessoal e profissional) estão integradas e são inseparáveis.
- Não dá para avaliar a contribuição – positiva ou negativa – de sua marca pessoal sem que antes você tenha muito bem definidos os seus objetivos. Por esse motivo, investir no autoconhecimento é o primeiro passo para uma abordagem adequada e eficiente do aprimoramento de sua marca pessoal.
- Tem gente que, sem nem perceber, passa a vida em busca daquilo que os outros consideram importante e bacana, em vez de identificar e ir atrás do que está em sintonia com os seus valores.
- O poeta norte-americano Henry David Thoreau (1817-1862) tem uma frase de que gosto muito: "Se um homem marcha com um passo diferente de seus companheiros, é porque ouve outro tambor".
- É importante ser capaz de exercer a curadoria sobre aquilo que a gente consome. Uma das ferramentas mais úteis de lapidação da sua marca pessoal é o pensamento crítico, um método que nos ajuda a parar de pensar como todo mundo, isto é, sem diferenciação.
- Direcionado pelo autoconhecimento e pelo pensamento crítico, você pode, consciente e racionalmente, quebrar o círculo vicioso do mundo bolha e deixar de ficar refém dos algoritmos...
- As ferramentas digitais, a inteligência artificial e o que mais a tecnologia nos trouxer no futuro têm que servir para facilitar a nossa vida e, não, para determinar o que somos e o que consumimos.

- É a sua curadoria de forma e conteúdo que vai encontrar o ponto de equilíbrio: aprender a "ouvir" somente aquilo que contribui para aprimorar o nosso desempenho e "ignorar" todo o restante.
- Além de autoconhecimento e pensamento crítico, atingir um novo patamar de maturidade exige o que chamo de os três "Ps": paciência, parcimônia e ponderação.
- O universo jurídico tem algumas peculiaridades, em especial no Brasil. Você, como advogado(a), sabe bem disso, mas pode não ter parado ainda para refletir sobre como algumas delas influenciam a sua carreira e como você pode se beneficiar com sua marca pessoal.
- Na hora de escolher um profissional, o cliente quer ter certeza de que está contratando "o melhor" advogado para solucionar seu problema com "o melhor" resultado para ele. E aí é que começa outro problema: como identificar "o melhor" profissional em um oceano de advogados sem diferenciação?
- Segundo a OAB, o país tem "a maior proporção de advogados por habitante do mundo. Ao todo cerca de 1,3 milhão de advogados exercem regularmente a profissão entre 212,7 milhões de pessoas (IBGE). Proporcionalmente, há um advogado para 164 brasileiros residentes no País".
- Na perspectiva do cliente, ele quer "o melhor" e, para isso, vai se basear em um "patamar mínimo de referência", que possa dar início a um relacionamento de confiança com seu advogado. Esse é o papel de sua marca pessoal, mas para isso é preciso aprimorar forma e conteúdo da sua comunicação.
- Ao longo da nossa jornada conjunta nesse livro, você vai compreender que a marca pessoal vai muito além do *marketing* e da autopromoção para conquistar uma carteira de clientes mais robusta e lucrativa.
- Marca pessoal é uma abordagem que inclui liderança, *mindset* empreendedor e, principalmente, a conquista de um novo patamar como referência profissional e de maturidade pessoal.
- Marca pessoal é um "combo" de atributos, que sintetizo em oito pilares, que apresentei neste capítulo e vou detalhar

nos próximos: autenticidade, valores e princípios, proposta de valor, visão e objetivos, comunicação *off-line* e *on-line*, *networking* presencial e virtual, imagem e comportamento e *mindset* empreendedor.

Capítulo 2

AUTENTICIDADE DEPENDE DO CONTEXTO

Parece tão simples: eu afirmo e explico por que a autenticidade é um dos atributos essenciais da sua marca pessoal; você ouve, entende e incorpora isso à sua rotina de vida. A gente até gostaria que fosse fácil assim mudar nossos comportamentos. Bastaria constatar um fato, entender as circunstâncias em que ocorre e, racionalmente, passar a agir de outra maneira – aquela que você já introjetou como a mais favorável para atingir seus objetivos. Infelizmente, não é bem assim... Há muito ruído na comunicação, muitos mitos a derrubar antes que a gente possa realmente se entender, começar a introjetar e depois praticar os comportamentos mais autênticos em linha com nosso propósito e valores.

E o primeiro de todos esses chamados "ruídos" é o próprio conceito de autenticidade. Se eu falo sobre uma ideia de autenticidade e você pensa em outra forma de ser autêntico, nós dois podemos até achar que estamos concordando, mas estamos, de fato, apenas falando sobre coisas diferentes e tendo a impressão de que estamos de acordo. E, claro, isso não acontece somente com o conceito de autenticidade. Toda ideia está sujeita à interpretação da subjetividade de cada pessoa. Quando essa ideia é mais complexa, então, a subjetividade toma conta e pode torcer e distorcer nosso diálogo. Por exemplo: em uma de nossas sessões, afirmei para uma mentorada que ela tinha um perfil de atuação bastante protagonista e ela reagiu mal: "Não gosto disso e não vejo esse protagonismo em mim, não. A pessoa protagonista está sempre querendo o centro do palco, quer aparecer mais do que os outros. O protagonista não pode ver um holofote que já se coloca na frente de todo mundo. Parece o Rei Sol.[1] Às vezes, nem avalia a ética do que está fazendo aos outros. Eu não sou assim.".

Ao ouvir o argumento dela, percebi o mal-entendido: "Isso que você está falando é ego em desequilíbrio, vaidade, arrogância, soberba ou narcisismo. Ou tudo isso junto, mas não é ser protagonista. O conceito de protagonismo é o de líder proativo da própria vida e, quando houver, também de sua equipe. Com seu autoconhecimento, o protagonista sabe dimensionar o valor de sua contribuição e também reconhecer – sem inseguranças – o valor de cada pessoa da equipe, fazendo com que o resultado final do trabalho seja maior do que a soma das partes individualmente." Ao ouvir minha resposta, imediatamente, ela sorriu: "Se isso é ser protagonista, então, estou na jornada certa para mim".

Ao explicitar claramente sua insatisfação com a identificação de seu perfil protagonista, felizmente, ela me deu a oportunidade de desfazer o mal-entendido e de formar um consenso entre nós sobre o significado da palavra. É por essa razão que, em boa parte das minhas sessões de mentoria, a gente dedica um tempo à conceituação de alguns dos termos que estamos usando para conversar. Esse alinhamento no significado das palavras é o que assegura uma boa comunicação entre nós e, com certeza, pavimenta a jornada de desenvolvimento do mentorado. Portanto, para garantir um diálogo producente, nossa conversa tem que começar pela conceituação da ideia.

---

[1] Rei Sol – apelido dado a Luís XIV, que reinou na França entre 1643 e 1715, por ser um dos monarcas mais poderosos e influentes da história europeia e mecenas de artistas, escritores e filósofos. No Palácio de Versalhes, construído por ele, a corte girava em torno do soberano, cujo reinado foi o auge do absolutismo na França.

2.1. Ser autêntico não é ser sincericida

Quando eu falo em autenticidade, qual é a sua interpretação da palavra? Qual é o primeiro significado que lhe vem à mente? Existem muitas possibilidades. Só por curiosidade, vá na internet e busque livros que tenham a palavra "autenticidade" no título... Você vai ver a quantidade e as diferentes perspectivas de abordagem: da psicanálise à filosofia, passando pela religião e chegando ao mundo corporativo com estratégias de *branding*.

Pela minha observação diária como mentora há quase 15 anos, em relação à prática diária da autenticidade nas relações interpessoais, a maioria de nós faz confusão em torno da ideia de ser autêntico. Às vezes, com a maior boa-fé, a pessoa acha que ser autêntico é fazer e/ou falar tudo o que pensa e sente, quando sente, sem se importar com o outro e sem nem avaliar se a pessoa é mais frágil ou se está mais vulnerável emocionalmente naquele momento. Pessoas assim costumam usar frases como: "Eu sou assim: pá-pum! Eu respondo é na hora, não levo nada para casa. Comigo não tem essa de ficar de 'mimimi'".

Você conhece alguém que usa frases parecidas com essas para definir sua autenticidade? Pois, então, pode informar a essa pessoa que isso não é ser autêntico. Esse é um mito a ser destruído: isso não é sinceridade e muito menos autenticidade. É agressividade. Isso é esconder sob a palavra autenticidade, uma total falta de empatia e de respeito pelos outros. É falta de sensibilidade. Essa atitude destrói a comunicação e qualquer possibilidade de diálogo, o que – com certeza – não contribui em nada e só desgasta a imagem dela diante dos outros.

Nesse grupo dos sincericidas, há ainda outro mito. Algumas pessoas costumam usar a frase "meu corpo, minhas regras" de forma distorcida e se transformam num *outdoor* ambulante de falsa rebeldia. Para quê? Isso é falta de maturidade. Se você está frequentando um ambiente – seja familiar ou profissional – que não está de acordo com seus valores, pare de bater de frente e detonar a sua imagem à toa. Avaliando a situação com mais maturidade, você vai ver que basta você mudar de ambiente. Busque e encontre os lugares que acolhem com naturalidade o seu jeito de ser e de se comportar.

Quer ir trabalhar de bermudão e chinelos no verão? Existem muitas empresas em que isso já é possível e natural. Mas em um escritório de advocacia, dificilmente, as pessoas são vistas de bermudão, embora haja a tendência de flexibilizar um pouco mais o *dress code*. Um dos aspectos da maturidade é a capacidade de se adaptar às próprias escolhas. Quem escolheu fazer carreira na advocacia? Quem escolheu trabalhar nesse tipo de ambiente? Então, ou você se adapta ou faz outras escolhas mais de acordo com os seus valores. O que não dá é para passar a vida toda gastando energia diariamente para expressar a sua divergência comportamental. Sua energia é muito valiosa para ser desperdiçada com essas pequenas rebeldias.

Já estou até ouvindo um coro me perguntando: "Olívia, isso que você está chamando de 'adaptação' às escolhas, não seria falsidade? Isso não é criar um personagem, uma falsa identidade para atuar como advogado?" E eis aqui outro exemplo da importância de conceituar os termos da nossa conversa. Vamos lá: a gente não deve confundir identidade com comportamento. Identidade é aquilo que eu sou, minha personalidade e valores essenciais. Comportamento é aquilo que eu faço de acordo com o contexto em que estou inserido. Ou seja, usando minha inteligência e racionalidade, eu me comporto de modo adaptado a cada contexto/ambiente para não desperdiçar energia com pequenas coisas (por exemplo, o *dress code* do escritório) que não mudam em nada minha identidade (essência).

Outras vezes, no entanto, a questão pode ser bem mais complexa e profunda... Ao iniciar um trabalho comigo, já na primeira sessão, Laura me contou que há anos trabalhava em um segmento de clientes bastante tradicional e conservador em relação a costumes. Ela, ao contrário, estava sempre se manifestando nas mídias sociais em favor de certas pautas políticas e era ativista de determinadas causas... Por isso, os sócios do escritório em que Laura trabalhava pediam, com frequência, para ela "dar uma maneirada". Ou seja, pediam para ela não se manifestar sobre aquelas causas de forma tão veemente. Aquilo era importante para ela – mas, segundo os sócios, "poderia gerar algum desconforto nos clientes".

Laura considerava que, parar de se posicionar sobre aqueles temas, seria como abrir mão de sua autenticidade. E tinha toda razão nesse ponto, porque isso iria contra seus valores essenciais. Quando me contou a situação, disse que estava pensando em passar a ter dois perfis nas mídias sociais: um profissional e aberto a todos e um outro pessoal e fechado apenas para os amigos. Para Laura, essa era a solução para seguir com os pés em duas canoas, isto é, trabalhar em um mercado muito conservador e seguir sendo coerente com seu ativismo.

O primeiro questionamento que fiz a ela foi o seguinte: "Para que servem as mídias sociais? Para construir pontes, conexões, vínculos. Qual é a base fundamental da relação entre o advogado e seus clientes? A confiança. Se um de seus clientes conservadores considerar que está construindo confiança em você e não for aceito no seu perfil fechado para os amigos, será que ele não irá se sentir excluído? Como você acha que isso pode contribuir para a sua imagem profissional?". Achando que eu, como seus chefes, fosse sugerir para ela "dar uma maneirada", Laura reagiu: "Se os clientes do escritório ficam 'desconfortáveis' porque meus valores me levam a me manifestar sobre pautas políticas que acredito, sobre a homofobia, a gordofobia e tantos outros temas, isso é problema deles. Não, meu".

Por compreender e respeitar sua indignação, minha resposta imediata foi a seguinte: "Laura, ninguém deve vilipendiar os próprios valores para atender ao conservadorismo de um determinado segmento de clientes. Diante de uma situação em que a gente se sente inadequado, sempre haverá duas opções. Nas questões mais superficiais, você tem a possibilidade de se adaptar às escolhas que fez. É o caso, por exemplo, do *dress code*. Já quando se trata de valores essenciais, a opção é repensar as suas escolhas na advocacia: por que essa sua opção de atuar em um mercado conservador que vai de encontro ao que é importante para você? O que a impede de pensar em um reposicionamento para atuar em outro mercado que abrace tudo isso mais naturalmente? Não faria sentido avaliar esses pontos, escolher um outro público-alvo, que permita que você se manifeste publicamente de modo mais conectado com aquilo que lhe é importante? Você vai trabalhar mais tranquila e ser muito mais feliz".

Essa capacidade de avaliação e adaptação ao contexto das situações – especialmente das mais complexas – demonstra o equilíbrio e a maturidade da pessoa. Posso garantir que isso passa bem longe de ser a criação de um falso personagem ou de uma falsa identidade. Agora, sim: ficamos na mesma página em relação à identidade, autenticidade e comportamento? E também sobre a diferença básica que existe entre capacidade de adaptação e falsidade?

2.2. Maturidade, paciência e observação

Em minha vivência como mentora, tenho notado que existem três competências que são pouco comentadas e que, embora sejam muito valiosas, andam bem escassas: paciência, observação e maturidade são três elementos chave no nosso desenvolvimento profissional, especialmente quando se trata das *soft skills*. Sem paciência e capacidade de observação, lemos os contextos com um olhar mais imaturo, reduzindo nossa capacidade de adaptação com consistência e autenticidade. E, claro, o resultado não será dos melhores... Vou dar um exemplo que reúne a falta dessas três competências ao mesmo tempo. Trabalhando em um dos maiores e melhores escritórios de advocacia de São Paulo, em uma de nossas primeiras sessões de mentoria, uma advogada júnior me falou: "Meu gestor, que é sócio do escritório, é um profissional tóxico. Ele não está nem aí para a gente, que é júnior. Já estou lá há quase um ano e até hoje nunca tive a oportunidade de debater um caso com ele...". Como já estou ficando habituada à maioria das pessoas considerar tudo como comportamento tóxico ou assédio moral, comecei a investigar melhor qual era, realmente, a situação vivida por Tânia e travamos o seguinte diálogo:

— Quando você diz que seu chefe não está nem aí para o time de advogados juniores, você está dizendo que ele não fala com ninguém, não dá bom dia, vai direto para a sala dele e os ignora?

— Não, ele cumprimenta todo mundo, é até simpático. Mas até hoje nunca entrei na sala dele para debater um caso. Fico só interagindo com meu chefe direto que é um advogado pleno e, às vezes, com uma sênior da área... Queria me envolver mais nos casos, poder aprender diretamente com o sócio, sabe?

— Tânia, a eficiência operacional do escritório é projetada para otimizar a administração do tempo dos sócios. Isso lhes permite focar no gerenciamento das equipes, na elaboração de estratégias para a área, no relacionamento com clientes, na geração de novos negócios e na interação direta com os advogados seniores, que são responsáveis por orientar os membros mais novos do time. Como advogada júnior, suas tarefas atuais abrangem os casos do dia a dia, o que é fundamental para seu desenvolvimento profissional. Continue a aplicar sua dedicação e concentração e tenha paciência. Chegará o momento em que sua contribuição estratégica será essencial nas reuniões. Isso é parte de um processo natural de crescimento. Entendo que comportamentos tóxicos podem ocorrer, mas lhe asseguro que o sócio responsável por sua área prioriza um ambiente de trabalho respeitoso e construtivo. Encorajo você a adotar uma perspectiva mais madura e compreensiva diante disso...

— Você acha que estou sendo imatura?

— Um pouco e, por isso, avalia como tóxico um comportamento absolutamente natural do sócio, o que tira seu foco do que é mais importante: você está iniciando a carreira e, com dedicação e paciência, terá boas oportunidades. É preciso compreender um pouco mais do cenário profissional e das responsabilidades que cada cargo carrega para poder fazer um julgamento mais preciso do todo em que estamos inseridos.

Para avaliar situações com mais maturidade, é preciso ter paciência e grande capacidade de observação. Vamos falar primeiro sobre a paciência, que é uma virtude cada vez mais rara entre nós. No nosso mundo interconectado, acelerado e no nosso Brasil campeão mundial de ansiedade,[2] a paciência anda

---

[2] De acordo com estimativas da Organização Mundial da Saúde (OMS), o Brasil lidera o número de casos de ansiedade no mundo, seguido de países como Paraguai, Noruega, Nova Zelândia e Austrália. Cerca de 9,3% dos brasileiros enfrentam o transtorno de ansiedade patológica. Disponível em: https://

cada vez mais escassa. Todo mundo quer sair da faculdade de Direito e virar estrela jurídica, ser consultado, ouvido e respeitado por sua experiência – mesmo que seja recém-formado e ainda não tenha experiência a ser respeitada. É a pressa para tudo. Para quê?

Tudo é uma questão do processo de desenvolvimento de carreira. São etapas pelas quais temos que passar. A própria vida é assim: antes de colher e saborear a maçã, a gente tem que plantar a macieira. Além de ser uma virtude necessária e natural, a paciência também pode funcionar como um refúgio em momentos de dificuldade, pois nos permite manter a calma e a clareza mental diante de situações desafiadoras. A paciência ajuda a lidar com a incerteza, a superar obstáculos e a tomar decisões mais ponderadas. Cultivar a paciência contribui – e muito – para o nosso bem-estar emocional e o equilíbrio interior.

Outra competência bastante contributiva para nossa maturidade é a observação. Misturada com a falta de paciência, a incapacidade de parar antes para observar, leva a gente a dar opiniões e agir de forma precipitada. Nas mídias sociais, essa é a rotina. A pessoa mal viu do que se trata e já está dando opinião, julgando, avaliando, apontando o dedo... Calma, leia o contexto com atenção, observe antes de interpretar e julgar.

Veja, por exemplo: Tânia não parou para observar o comportamento dos outros sócios do escritório. Era só o da área dela que "não dava atenção" para os advogados juniores? Certamente, os outros também agiam assim... Quando a gente observa, a gente tem a oportunidade de se questionar: por que isso ocorre assim aqui dentro desse contexto? Por que esse comportamento? Qual a necessidade disso? Quais são as respostas possíveis? Somando a paciência e a observação, aí sim, a gente desenvolve uma capacidade de avaliação das situações muito mais madura e assertiva.

---

conselho.saude.gov.br/ultimas-noticias-cns/2971-27-04-live-transtornos--mentais-e-adoecimento-no-ambiente-de-trabalho-como-enfrentar. Acesso em: 15 dez. 2023.

2.3. A autenticidade e seus benefícios

Na verdade, até aqui nós conversamos mais sobre o que *não é* a autenticidade, buscando derrubar alguns mitos, como o comportamento sincericida. Então, vamos agora ao que ela é: a autenticidade é um dos pilares fundamentais para a expressão eficaz da sua marca pessoal. Ser autêntico significa manter-se coerente e congruente com sua essência, visão e valores, mesmo diante das adversidades e das mudanças inevitáveis no ambiente ao seu redor. É um reflexo direto da sua identidade. A autenticidade também requer coragem para defender suas convicções e enfrentar desafios, mesmo quando isso implica ir contra a corrente ou correr riscos.

As pessoas autênticas são aquelas que valorizam a sinceridade sem ser agressivas, embora se comuniquem de forma direta e objetiva. Elas não menosprezam o contexto, observam e procuram ler o que está subjacente ao grupo e ao ambiente para agir de forma mais autêntica e adequada. Sabem que não se trata somente do que elas são ou querem: a leitura do contexto considera tudo e todos.

É igualmente essencial ser transparente e vulnerável na comunicação com os outros, compartilhando não apenas suas conquistas e competências, mas também as falhas e aprendizados. Isso demonstra humildade e disposição para compartilhar e evoluir em equipe, uma característica muito valorizada nos líderes atualmente. É assim que desenvolvem a habilidade de expressar seus pensamentos e ouvir os outros de maneira clara e respeitosa, construindo relações duradouras de confiança. Com esse tipo de conexão, os outros sentem-se mais à vontade para se relacionar e acreditar no que você tem a oferecer.

Ao incorporar a autenticidade ao seu dia a dia de trabalho como um dos pilares da sua marca pessoal, você faz com que suas decisões e comportamentos estejam sempre alinhados a seus princípios. Em médio e longo prazos, você passará a dispor de uma reputação coerente, respeitável e sólida, que aumentará sua capacidade de atrair oportunidades e superar desafios. Mas os benefícios da autenticidade não são apenas individuais. Há também aqueles que se refletem diretamente na dinâmica de interação do grupo como um todo:

- Aumento do engajamento no trabalho pelo fato de a convivência ser mais transparente e sincera com todos. Ninguém tem receio de se expor.
- Redução do estresse, pois gera bem-estar psicológico e aumenta a satisfação com o dia a dia de trabalho. Há espaço para divergências e convergências.
- Aumento da resiliência: como as pessoas da equipe se ouvem e se respeitam, sabem que contam com múltiplas competências para enfrentar adversidades.
- Cultura organizacional mais aberta e flexível à inovação. A expressão de perspectivas diversas agrega valor e é capaz de gerar novas e inovadoras táticas e estratégias.

Apesar de trazer tantos benefícios para a própria pessoa, para o grupo e, por consequência, para a organização, nem sempre os comportamentos autênticos são percebidos como os mais construtivos. A maneira como a honestidade e a comunicação direta são recebidas pode variar muito, dependendo do gestor ou da cultura da empresa. De repente, depois de fazer uma avaliação madura da situação – como sugeri no caso anterior de Tânia, você se dá conta de que está inserido em uma cultura organizacional tóxica ou respondendo direto para um líder que não aceita nenhum comentário, além de elogios para inflar o ego dele. Isso existe, sim, mas – repito – deve ser avaliado com toda sua maturidade. Quando a situação é de real toxicidade, a gente não pode ser ingênuo de acreditar que "ser autêntico" resolve tudo. O que fazer nesse caso?

Diante desse tipo de situação, você sempre terá duas opções: a primeira é buscar uma cultura organizacional que esteja mais de acordo com a sua prática de valores; e a segunda é, antes de buscar um novo local de trabalho e pedir demissão, tente dar um tempo e invista uma certa dose de energia para ver se consegue mitigar o problema. A chave para lidar e se adaptar ao ambiente é entender e aprender a navegar na dinâmica do líder da equipe ou da organização. Algumas táticas que podem ser úteis são: ficar mais atento ao momento certo para expressar uma opinião; ajustar o tom e a abordagem de acordo com a situação e até mesmo buscar primeiro entender a perspectiva dos outros para só depois expressar a sua.

Também é importante identificar se o problema é o seu gestor ou se os comportamentos tóxicos já são algo disseminado e arraigado na cultura da empresa. No segundo caso, sugiro que seu investimento de energia seja ainda menor: faça apenas um exercício saudável de sobrevivência adaptativa enquanto busca trabalho em outro escritório ou empresa – caso seja possível suportar por mais um tempo a situação. Sozinho, você não vai conseguir mudar a cultura organizacional já contaminada. No entanto, se verificar que seu líder é um caso isolado, com paciência e sua capacidade de observação do contexto, busque e encontre aliados e mentores dentro da organização, que valorizem a autenticidade e que possam direcioná-lo na navegação pela dinâmica das interações pessoais naquele ambiente específico. O seu gestor, por exemplo, pode estar inseguro e agindo de forma tóxica, mas há outras pessoas ali dentro que podem dar suporte ao seu desenvolvimento.

Mesmo em contextos organizacionais tóxicos, desistir da autenticidade não é uma opção. Isto é, nem pense em abrir mão da sua identidade (propósito e valores) para assumir comportamentos inautênticos, porque não conseguirá manter a farsa por muito tempo. Pior é que a falsa persona pode ter consequências nefastas, levando a problemas graves de saúde mental. Por isso, mantenha-se fiel à autenticidade, comportando-se sempre em sintonia com seu propósito e valores. Continue a aprender e a se desenvolver e, com certeza, vai encontrar a organização onde será possível fazer a diferença, agindo de modo construtivo e verdadeiro.

2.4. Ponto de partida e chegada: autoconhecimento

Quando se trata de marca pessoal, existem três fatores intrinsecamente interligados, que só operam de forma eficaz, se integrados em um processo iterativo. Esses fatores são o autoconhecimento, a identidade e a autenticidade. O autoconhecimento é o combustível, o que mantém tudo em funcionamento. É o ponto de partida e o destino, que retroalimenta todo o processo em torno da configuração da sua marca pessoal.

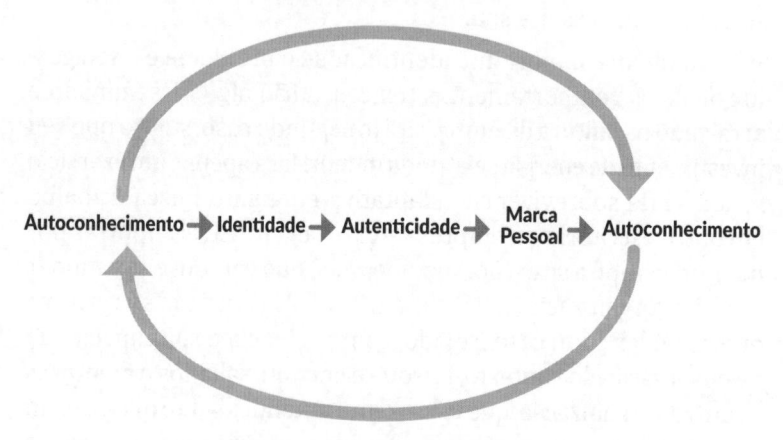

Autoconhecimento ➡ Identidade ➡ Autenticidade ➡ Marca Pessoal ➡ Autoconhecimento

Fonte: elaborada pela autora.

Quando a gente não sabe quem é, o que quer e por onde pretende seguir na vida, não tem formada ainda a visão da própria identidade. Se ainda não identificou propósito e valores, não tem como adotar práticas e comportamentos autênticos e congruentes com esses princípios. E, portanto, não há como expressar sua marca pessoal por meio de comportamentos autênticos sem atingir um patamar mínimo de autoconhecimento, que leve à configuração prévia de sua identidade. Parece meio aquela história de quem nasceu primeiro... mas aqui não há dúvida: o primeiro fator é o autoconhecimento.

Quando converso sobre isso com meus mentorados, a maioria compreende com facilidade a lógica da questão. Só que parte do princípio que já está naquele patamar prévio imprescindível de autoconhecimento. E a maioria de nós não está. É tudo um pouco mais sutil e complexo. Ninguém tira diploma em autoconhecimento e por mais que a gente se conheça, é importante adotar uma postura de autoconhecimento e reflexão contínua. Isso envolve avaliar regularmente nossas motivações, interesses e paixões, bem como analisar o impacto de nossas decisões e ações – conscientes e inconscientes – na nossa jornada como um todo. É preciso manter em ampliação o olhar e a empatia consigo mesmo e com os outros.

Esse é um trabalho permanente, uma lição de casa que não costuma ser feita por nós sem o estímulo externo de um profissional especializado, seja um mentor ou um psicoterapeuta. E o que acontece é que, sem o desenvolvimento do autoconhecimento, o processo iterativo entre nossa identidade e nossa marca pessoal vai enfraquecendo e pode até chegar a desaparecer. E a gente fica lá, acreditando que é assim ou assado, mas todas as pessoas ao nosso redor têm percepções bem diferentes de nós. Essa dissonância cognitiva pode trazer muito prejuízo ou a estagnação da sua marca pessoal.

Há alguns anos, fui contratada para fazer um processo de avaliação 360º dos sócios de um escritório de advocacia. Lembro bem desse caso, porque uma das sócias, a dra. Luciana, ficou muito chocada com o resultado. Na etapa da autoavaliação, ela afirmou que considerava estar em um ótimo patamar de autoconhecimento: era uma pessoa equilibrada e uma "líder capaz de ouvir, daquele tipo que trabalha com a porta aberta". A percepção de seus pares e dos integrantes de sua equipe, porém, era exatamente oposta.

Ela costumava reagir intempestivamente e, algumas vezes, chegou a gritar com as pessoas na sua sala. E, depois, ela não entendia por que as pessoas não iam à sala dela, se estava sempre com a porta aberta... "O que adianta trabalhar com a porta aberta se as pessoas têm medo de você e, além disso, quando alguém aparece para fazer uma pergunta, tirar uma dúvida, você olha como se fosse fuzilá-la?" Talvez esse tenha se tornado um registro indelével em sua marca pessoal. Para reverter esse estrago, só com muito trabalho árduo para fortalecer o autoconhecimento, a inteligência emocional e retomar a congruência entre identidade (propósito e valores) e os comportamentos expressos.

Em outra ocasião, nesse mesmo tipo de avaliação de desempenho, um sócio acreditava que era excelente em dar *feedbacks* individuais para os integrantes da sua equipe. Mas, quando conversei com as pessoas, nenhuma delas tinha a mesma opinião. Todas consideravam que o dr. Rodrigo passava do ponto nos *feedbacks*: era tanta objetividade que as conversas beiravam o assédio moral. Nessa avaliação 360º, a média do dr. Rodrigo em eficiência na comunicação ficou bem baixa, mas no ano seguinte – depois de investir em autoconhecimento e em uma comunicação assertiva – o resultado já foi outro, muito mais positivo.

2.5. A comunicação nossa de cada dia

A primeira questão nesse tópico é conceituar entre nós, o que é a comunicação assertiva. Mas ainda antes disso, considero que vale a pena esclarecer o significado da palavra "assertividade", pois há alguma confusão aqui. Vamos juntos ao dicionário: segundo o Aurélio, ser assertivo é se mostrar "firme e seguro ao revelar sua posição, pensamento ou sentimento, sem, contudo, ultrapassar o limite do respeito." Portanto, quando eu falo em comunicação assertiva, estou me referindo a uma forma eficiente de dialogar com os outros, que leve a bons resultados mútuos e que, ao longo do processo, se mantenha dentro dos limites do respeito.

Há pessoas que acreditam que são os outros que têm que se adaptar ao jeito delas de se comunicar: "Eu tive a melhor das intenções. Dei o *feedback* num tom calmo e direto e fiz críticas sinceras e construtivas. Se a pessoa ficou magoada, é ela que não sabe aceitar críticas. O problema é dela". Não é bem assim, não. Na comunicação assertiva, a primeira e maior responsabilidade é do emissor e, não, do receptor da mensagem. É o emissor quem tem a obrigação de cuidar do conteúdo e da forma para fazer com que a mensagem seja compreendida rápida e corretamente pelo público-alvo – seja uma só pessoa, dez ou um milhão delas.

Logo no começo desse capítulo, já falamos um pouco sobre isso, indicando que em torno da ideia de "autenticidade" há vários mitos, ruídos e muitas possibilidades de interpretação da palavra. Uma das táticas para aprimorar nossa comunicação é justamente essa que tenho aplicado aqui com você: chegar a um consenso prévio sobre a conceituação de alguns termos, para mitigar os ruídos durante a nossa conversa. O diálogo fica mais fácil e fluido, quando todo mundo já começa na mesma página.

Mas a questão dos ruídos na comunicação é bem mais complexa do que isso – infelizmente. Bem, depende do ponto de vista: para os comediantes, a complexidade da nossa comunicação é uma alegria. Observe: de Charlie Chaplin ao Mr. Bean, chegando às modernas séries de *sitcoms*, os erros de comunicação são a matéria-prima fundamental do humor. Com ou sem palavras, nossa comunicação falha, gera ruídos e grandes equívocos entre as pessoas – que podem ser, inclusive, tragicômicos ou até mesmo trágicos. Mesmo inconscientemente, sabemos disso. Tanto é que, quando a situação surge roteirizada na tela à nossa frente, estamos prontos para rir ou chorar por nós mesmos.

O fato é que a maioria de nós – apesar de estar "falando" o tempo todo com e sem palavras – não tem muita habilidade para se comunicar. Veja o exemplo anterior do dr. Rodrigo: ele se achava ótimo para dar *feedbacks* à equipe, mas as pessoas achavam que ele estava a um passo do assédio moral por excesso de objetividade e racionalidade. Ou seja, na configuração de sua identidade, um dos valores era oferecer às pessoas um *feedback* construtivo. Só que ele não conseguia transformar esse princípio em uma expressão autêntica de sua marca pessoal no dia a dia de trabalho. Dr. Rodrigo pensava de um jeito e agia de outro. Atire a primeira pedra quem nunca.

Como se comportar com autenticidade e tornar a comunicação mais efetiva? Atenção, pois ainda não estamos falando aqui de técnicas de comunicação e *networking* presenciais e virtuais – esses temas serão abordados detalhadamente nos capítulos 6 e 7. Aqui, estamos falando dessa comunicação nossa de cada dia, mas que também é fundamental para manifestar nossa marca de modo coerente e eficaz.

Na comunicação, existem táticas que podem nos ajudar – e muito – nessa missão de ser mais assertivos na transmissão de nossas mensagens. Uma delas é alinhar melhor nossa identidade a nossas práticas e comportamentos. Isso a gente consegue investindo e reinvestindo continuamente em exercícios de autoconhecimento. A partir dessa tomada de consciência, você vai conseguir criar para si mesmo algumas regras comportamentais para se adaptar às diferentes circunstâncias.

No caso dos *feedbacks*, por exemplo. Só existem dois motivos para dar um *feedback*: sua disposição de construir ou destruir alguém. Se você acredita que esses retornos devem ser construtivos, então, defina uma regra direcionadora: jamais dê um *feedback* na hora da raiva. Muito menos, sentindo, lá no fundo, aquela disposição de magoar e humilhar a outra pessoa. Somos humanos e todos estamos sujeitos a essas emoções negativas. O ponto forte é tomar consciência, aceitar e reagir cumprindo a regra, que é coerente com os seus princípios.

Em vez de dar o *feedback* naquela hora, deixa para amanhã, desce para dar uma volta no quarteirão ou vai tomar um sorvete. A regra é clara e existe para você cumprir: se a emoção tomar conta, o *feedback* vai ser destrutivo. Então, deixa para depois, quando você estiver de novo com disposição de contribuir para o desenvolvimento da outra pessoa. Isso é praticar a autenticidade na comunicação.

Quando estamos conversando sobre técnicas de comunicação em *feedbacks*, de vez em quando, algum dos meus clientes se mostra mais reticente e argumenta: "Quando a gente dá um retorno sincero e objetivo sobre o desempenho de alguém, não tem como a pessoa gostar de ouvir. Mesmo sendo construtivo, ninguém gosta de ser criticado". É aqui que mora outro ruído! Para contra-argumentar, costumo usar a mim mesma como exemplo. Isso porque, em quase todas as sessões de mentoria, passamos boa parte do tempo conversando sobre os pontos de melhoria do mentorado. Nós identificamos os *gaps*, traçamos um plano para seu desenvolvimento e definimos metas e prazos: "Isso é muito parecido com o *feedback* de avaliação de desempenho que você faz com as pessoas da sua equipe ou seu gestor faz com você... No final das nossas sessões, você sai daqui se sentindo humilhado, assediado moralmente ou mesmo um pouco chateado comigo? Se a resposta é não, é possível criticar construtivamente e a outra pessoa não se sentir mal com isso, não é?"

A comunicação assertiva não tem fórmula pronta, não tem a melhor receita, não tem o mapa certo, mas tem uma bússola confiável para lhe mostrar a melhor direção a seguir, que é a sua autenticidade. Ter interesse genuíno pelos outros, ouvir e conversar abertamente é outra tática que facilita muito a abertura ao diálogo entre emissor e receptor. Em 2023, atendi um advogado chamado George. Apenas dois meses depois de ter conquistado uma ótima promoção e aumento salarial, ele estava no auge da desmotivação e da falta de engajamento. Como aquilo era contraditório com sua identidade e sua marca pessoal, com interesse genuíno, o gestor do George tomou a decisão de encaminhá-lo para fazer umas sessões de mentoria comigo.

Depois de alguma conversa, o problema revelou-se até bem simples: George havia recebido novas e maiores responsabilidades, seu salário aumentara proporcionalmente, mas... apesar de promovido, o seu gestor não lhe atribuiu formalmente o cargo de coordenador jurídico. Tudo que estava desmotivando aquele profissional era a falta de um rótulo. Depois de feita a descoberta, a questão foi resolvida rapidamente e o sorriso de George voltou junto com a motivação e o engajamento. Ele seguiu no programa de mentoria comigo e, em outra ocasião, me disse o seguinte: "Tirei daquele episódio, um ótimo aprendizado. Agora, em vez de sofrer inutilmente em silêncio, eu aprendi a falar mais abertamente sobre como estou me sentindo em relação a alguma situação. Isso está sendo bacana para mim na empresa e também em casa com a minha mulher".

Apesar dessa evidente dificuldade que temos em nos comunicar, é interessante registrar como a maioria de nós parte do princípio de que sabe agir como emissor de conteúdos e que não precisa de capacitação e treinamento para ser mais eficaz. Aliás, temos essa tendência em relação a tudo que se refere ao comportamento humano e, portanto, às chamadas *soft skills*. A capacitação técnica é buscada proativamente pelos profissionais. Já a capacitação comportamental, especialmente àquelas vinculadas ao nosso lado humano, ainda é considerada supérflua ou desnecessária. Acreditamos que conseguimos dar conta de tudo de forma empírica, mas, por experiência, constato que esse é mais um daqueles nossos equívocos.

Concluindo nossa conversa sobre a comunicação nossa de cada dia, não se iluda também com a capacidade da tecnologia de nos manter interconectados e resolver nossa incapacidade de compreender uns aos outros, como afirma o sociólogo Dominique Wolton, pesquisador do Centro Nacional de Pesquisa Científica da França (CNRS):

> *Não é a multiconexão tecnológica que garante o entendimento ou a convivência, é a vontade política, ou não, de respeitar uns aos outros, apesar das suas diferenças. É por isso que, a meu ver, a comunicação é uma questão de política, no melhor sentido do termo, ou seja, da vontade de negociar em um cenário de alteridade. [...] A tecnologia tornou-se a grande mercadora de ilusões. [...] Há aqui um paradoxo: este mundo da comunicação generalizada deveria valorizar o outro, mas estamos constantemente reduzindo-o ao mesmo. Esse é o desafio da comunicação. Procurar o mesmo, esbarrar no outro e, no entanto, querer que o outro se pareça com esse mesmo que se procura. A dificuldade de comunicação é, portanto, onipresente na vida.*[3]

2.6. Auditoria de marca e autenticidade

E, para encerrar este capítulo, faço um pedido a você: não idealize a autenticidade, não crie mais um mito e mais um ruído em torno desse conceito. Ela é fundamental para a eficácia da comunicação da sua marca pessoal. Mas sua identidade não é imutável ao longo do tempo e, portanto, a autenticidade de sua marca pessoal também não precisa ficar cristalizada. À medida que vamos nos desenvolvendo, as diferentes fases da vida trazem consigo mudanças, inclusive, de alguns de nossos princípios e valores.

Claro, não me refiro aqui aos valores éticos – esses, sim, absolutos e imutáveis. Mas nossos outros valores podem mudar, evoluir junto com nosso processo de maturidade e você não precisa ficar preso na camisa de força da autenticidade. Por exemplo:

---

[3] WOLTON, D. *Comunicar é negociar*. Porto Alegre: Meridional, 2023. p. 28 e 29.

quando a gente está na adolescência, costuma valorizar mais a liberdade, quer curtir a vida... Já na fase adulta, sobem na escala de valores a constituição de uma família, os filhos. Pode ser que, com o passar do tempo, você sinta que "algo" mudou. Será que você deixou de ser autêntico?

Nessas fases de questionamento, pode ocorrer um aparente descompasso entre sua identidade e seus novos comportamentos, gerando algum desconforto. Quando alguns de nossos valores mudam, os comportamentos autênticos – aqueles que expressam nossa marca pessoal – também mudam junto. O processo pode se tornar mais fluido e espontâneo, se resultar da conquista de um novo patamar de autoconhecimento. Ou seja, de tempos em tempos, é muito bom a gente fazer o que chamo de auditoria da marca pessoal. Com a postura da reflexão contínua em busca do autoconhecimento – o combustível da sua marca pessoal -, você renova também a expressão da sua autenticidade. É um ciclo permanente, um processo iterativo.

No próximo capítulo, nós vamos conceituar e abordar outros fatores fundamentais da sua marca pessoal, como técnicas para formar vínculos de confiança, que são a base da construção em longo prazo da sua reputação profissional. Além disso, vou mostrar como aplicar ferramentas e instrumentos para a configuração dos três pilares de sua marca pessoal: autoconhecimento, identificação de pontos fortes e pontos de melhoria e definição de público-alvo e objetivos.

> **Sinopse legal**
>
> - Quando eu falo em autenticidade, qual é o significado que lhe vem primeiro à cabeça? As possibilidades são muitas. Na internet, há livros inteiros sobre autenticidade, que vão da psicanálise à filosofia, passando pela religião e chegando a estratégias de *branding*.
> - Se eu falo sobre uma ideia de autenticidade e você pensa em outra forma de ser autêntico, nós dois podemos até achar que estamos concordando, mas estamos, de fato, apenas

falando sobre coisas diferentes e tendo a impressão de que estamos de acordo.

- Uma das táticas para tornar a comunicação mais eficiente é a conceituação dos termos que estamos usando para conversar. Esse alinhamento no significado das palavras é um dos fatores que asseguram um diálogo mais producente.
- Além dos vários possíveis significados, em torno da palavra autenticidade existem vários mitos e muitos ruídos.
- Como mentora há quase 15 anos, o comportamento da maioria das pessoas se divide – equivocadamente – entre dois comportamentos extremos: a bajulação e o sincericídio.
- Nós vivemos em uma sociedade que parece abrir portas apenas para os mais bajuladores. Essa cultura do puxa-saquismo e do jogo de aparências pode levar a pessoa a construir um personagem para se expor publicamente e tentar alcançar seus objetivos.
- Com esse falso personagem, a pessoa pode até atingir algum sucesso financeiro, mas ninguém tem energia suficiente para passar a vida na pele de um personagem totalmente desconectado das próprias emoções. Pode apostar: a falta de autenticidade cobrará seu preço.
- No extremo oposto estão os sincericidas, que costumam falar frases, como: "Eu sou assim: pá-pum! Eu respondo é na hora, não levo nada para casa. Comigo não tem essa de ficar de mimimi". A pessoa pouco se importa se o outro é mais rico, mais poderoso, mais frágil ou se está mais vulnerável emocionalmente naquele momento.
- O sincericídio é um mito a ser destruído: isso não é sinceridade e muito menos autenticidade. É agressividade. Essa atitude destrói a comunicação e qualquer possibilidade de diálogo, o que – com certeza – não contribui em nada e só desgasta a marca pessoal.
- Entre os sincericidas ainda existem aqueles que costumam usar a frase "meu corpo, minhas regras" de forma distorcida e se transformam num *outdoor* ambulante de rebeldia. Para quê? Isso é falta de maturidade.

- Se você frequenta um ambiente cujos códigos não estão de acordo com os seus valores, ou você se adapta ou busca lugares que acolham com naturalidade seu jeito de ser. O que não dá é para ficar ali, correndo o risco, inclusive, de prejudicar sua imagem profissional.
- Lembre-se: sua energia é muito valiosa para ser desperdiçada com pequenas rebeldias.
- E não se esqueça também do seguinte: essa capacidade de adaptação aos diferentes contextos demonstra o equilíbrio e a maturidade da pessoa, e passa bem longe de ser a criação de um falso personagem ou de uma falsa identidade.
- Identidade é aquilo que eu sou (propósito e valores essenciais). Comportamento é aquilo que eu faço de acordo com o contexto em que estou inserido.
- Ser autêntico significa manter-se coerente e congruente com sua essência, visão e valores, mesmo diante das adversidades e das mudanças inevitáveis no ambiente ao seu redor. É um reflexo direto da sua identidade.
- Existem três competências que são pouco comentadas e que, embora sejam muito valiosas, andam bem escassas: paciência, observação e maturidade. São três elementos chave no nosso desenvolvimento profissional, especialmente quando se trata das *soft skills*.
- Cultive a paciência: o processo de desenvolvimento de carreira tem etapas pelas quais todos temos que passar. A própria vida é assim: antes de colher e saborear a maçã, a gente tem que plantar a macieira.
- A paciência também pode funcionar como um refúgio em momentos de dificuldade, pois nos permite manter a calma e a clareza mental diante de situações desafiadoras.
- Outra competência bastante contributiva para nossa maturidade é a observação. Misturada com a falta de paciência, a incapacidade de parar antes para observar, leva a gente a dar opiniões e agir de forma precipitada.
- Quando a gente observa, a gente tem a oportunidade de se questionar: Por que isso ocorre assim aqui dentro desse contexto? Por que esse comportamento? Qual a necessidade disso? Quais são as respostas possíveis?

- Somando a paciência e a observação, aí sim, a gente desenvolve uma capacidade de avaliação das situações muito mais madura.

- As pessoas autênticas valorizam a sinceridade sem ser agressivas, embora se comuniquem de forma direta e objetiva.

- Para ser autêntico, é igualmente essencial ser transparente e vulnerável na comunicação com os outros, compartilhando não apenas as conquistas e competências, mas também as falhas e aprendizados.

- Ao incorporar a autenticidade ao seu dia a dia de trabalho como um dos pilares de sua marca pessoal, você faz com que suas decisões e comportamentos estejam sempre alinhados a seus princípios.

- Em médio e longo prazos, você passará a dispor de uma reputação coerente, respeitável e sólida, que aumentará sua capacidade de atrair oportunidades e superar desafios.

- A maneira como os comportamentos autênticos são recebidos pelas outras pessoas pode variar muito, dependendo do gestor ou da cultura da empresa.

- Em alguma etapa de sua carreira, você pode se ver diante, por exemplo, de um líder que não aceita nenhum comentário – além de elogios para inflar o ego dele.

- Nesse caso, você sempre terá duas opções: a primeira é buscar uma cultura organizacional que esteja mais de acordo com seus valores; e a segunda é investir uma certa dose de energia para tentar mitigar o problema. As táticas para fazer isso estão detalhadas no capítulo.

- A comunicação não tem fórmula pronta, não tem a melhor receita, não tem o mapa certo, mas tem uma bússola confiável para lhe mostrar a melhor direção a seguir, que é a sua autenticidade.

- Na comunicação, é responsabilidade do emissor e, não, do receptor da mensagem, cuidar do conteúdo e da forma para fazer com que a mensagem seja compreendida rápida e corretamente pelo público-alvo – seja uma só pessoa, dez ou um milhão delas.

- Não estamos falando aqui de técnicas de comunicação e *networking* presenciais e virtuais, que serão abordadas nos capítulos 6 e 7. Aqui, estamos falando da comunicação nossa de cada dia, mas que também é fundamental para nossa marca pessoal.

- Uma das táticas para aprimorar nossa comunicação é justamente essa que tenho aplicado aqui com você: chegar a um consenso prévio sobre a conceituação de alguns termos, para mitigar os ruídos durante a nossa conversa.

- Outra tática é alinhar melhor nossa identidade a nossas práticas e comportamentos. Isso a gente consegue investindo e reinvestindo continuamente em exercícios de autoconhecimento.

- Quando se trata de marca pessoal, existem três fatores intrinsecamente interligados, que só operam de forma eficaz, se integrados em um processo iterativo: o autoconhecimento, a identidade e a autenticidade.

- O autoconhecimento é o combustível, o que mantém tudo em funcionamento. É o ponto de partida e o destino, que retroalimenta todo o processo em torno da configuração da sua marca pessoal.

- Ninguém tira diploma em autoconhecimento e por mais que a gente se conheça, é importante adotar uma postura de autoconhecimento e reflexão contínua.

- Quando alguns de nossos valores mudam, os comportamentos autênticos – aqueles que expressam nossa marca pessoal – também mudam junto. Daí, pode haver algum descompasso entre sua identidade e os comportamentos, causando certo desconforto.

- De tempos em tempos, é muito bom a gente fazer o que chamo de auditoria da marca pessoal. Com a postura da reflexão contínua em busca do autoconhecimento – o combustível da sua marca pessoal -, você renova também a expressão da sua autenticidade. É um ciclo permanente, um processo iterativo.

Capítulo **3**

MARCA, *MARKETING* E REPUTAÇÃO

É agora que a sua reputação entra em jogo! Aquilo que as pessoas ao seu redor – em todas as diferentes esferas de relacionamento – percebem a seu respeito, desde o primeiro contato, é o que vai servir de material para que elas construam a sua "fama profissional", ou seja, a sua reputação. Essa percepção de imagem é o resultado cumulativo das ações, que você realiza para divulgar, ampliar a visibilidade e emprestar credibilidade à sua marca pessoal. Para trazerem esse efeito benéfico, no entanto, é imprescindível que suas ações de *"marketing* pessoal" sejam sempre coerentes e consistentes com o propósito e os valores que você identificou como essenciais na configuração da sua marca pessoal.

O funcionamento entre marca, *marketing* e reputação pessoal deve ser como uma engrenagem bem azeitada, como mostra a ilustração a seguir: com base no autoconhecimento, você configura a sua marca pessoal e é por meio de ações de *marketing* (comunicação), que você construirá sua reputação ao longo do tempo.

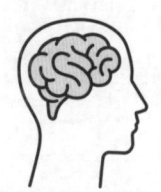

Marca pessoal: sua configuração, baseada no autoconhecimento, é exclusiva e intransferível.

Marketing pessoal: ações de divulgação da sua marca pessoal de forma coerente ao longo do tempo.

Reputação pessoal: a percepção e a consolidação da sua marca pessoal na mente das outras pessoas.

Fonte: elaborada pela autora.

No primeiro parágrafo deste capítulo, coloquei as expressões "*marketing* pessoal" e "fama profissional" entre aspas de propósito: tem gente que só de ouvir falar em *marketing* e em ser famoso, já associa tudo à falsidade. E é preciso que se reconheça que não estão totalmente errados. Em boa parte, isso se deve à má atitude de alguns *influencers* nas mídias sociais. Investem na criação de um personagem na expectativa de se tornarem uma celebridade instantânea com milhares de seguidores e fãs. Só esquecem de avaliar antes se essa "fama" vai – ou não – agregar valor à sua carreira.

É como o lobo que se coloca em pele de cordeiro e tenta se misturar no rebanho. Apesar de se esforçar para ser visto como ovelha, acaba ficando evidente que o lobo não faz parte "do time". O coitado do bicho vive em estado de tensão, porque a toda hora o rabo e as orelhas escapam do disfarce. No ambiente profissional, quantas vezes a gente também percebe que o lobo está só vestido com a pele do cordeiro? São aquelas pessoas que optam por construir uma "marca de personagem": elas tentam se adaptar ao que se espera delas em vez de valorizar e potencializar suas próprias capacidades e potencialidades.

Para se sentirem um pouco mais seguras e mais aceitas, fabricam esse monstro meio Frankstein, que limita a autenticidade e acaba por restringir o crescimento pessoal. Presas na camisa de força do personagem, podem até vir a sofrer problemas de saúde mental. É muito estressante fingir o tempo todo aquilo que a gente não é. Alguns *influencers*, por exemplo, pregam *life style*, autocuidado, meditação, viagens para desestressar e, dali a pouco, admitem nas mídias sociais que estão com problemas de saúde mental. Acabam tendo que interromper o trabalho, porque não aguentam o tranco do personagem criado.

No universo do trabalho corporativo, é um pouco diferente, mas nem tanto... Existem aquelas pessoas medianas que se "vendem" muito bem – se for preciso, até se embrulham para presente – mas, na hora H, não conseguem entregar os resultados esperados. Em contrapartida, existem também aquelas outras pessoas que oferecem o seu melhor, atingem resultados acima da média e se "vendem" muito mal. Para começar, costumam ter uma personalidade mais introvertida, valorizando bastante a autenticidade, mas dando pouca atenção às habilidades de relacionamento interpessoal e comunicação.

Para elas, fazer *marketing* pessoal é ser interesseiro, pouco autêntico e/ou "perder tempo com bobagens" em vez de focar na busca por resultados. Nos casos mais extremos, pessoas com esse tipo de perfil podem se tornar reféns de suas crenças negativas. Mesmo que tenham ótima formação acadêmica e capacitação técnica e desempenhem muito bem no trabalho, obtendo os melhores resultados, estão sempre tensas com medo de fracassar.

Essas pessoas sofrem da Síndrome do Impostor. Em vez de alimentarem a autoconfiança com suas vitórias, acreditam que são uma farsa e se boicotam com pensamentos do tipo: "Dessa vez, não vou conseguir entregar. Todo mundo vai finalmente descobrir que eu sou uma farsa". Sob a inspiração nociva dessas crenças, a pessoa começa a transpirar, as mãos ficam geladas e as pernas tremem. É quase um acesso de pânico que, na verdade, pode acabar levando justamente àquilo que a pessoa mais temia: o fracasso. Esse forte mal-estar emocional pode ser eventual e pontual, só durante a apresentação de um projeto, por exemplo. Ou pode acompanhar constantemente a pessoa por dias e meses...

às vezes, até por longos anos. Mas sempre há tempo para corrigir a rota, não é mesmo? Desde que... o exercício contínuo do autoconhecimento identifique a Síndrome do Impostor e mostre a nova direção a seguir.

Com qual desses dois times você mais se identifica? Aquele dos que se "vendem bem" e não entregam ou naquele dos que fazem ótimas entregas, mas "não gostam de se vender"? Para o bem de sua carreira, se você se reconheceu em um dos dois grupos descritos aqui, eu recomendo que corrija a rota, porque nenhum deles vai lhe trazer o melhor resultado em seu desenvolvimento profissional – nem como advogado, nem em nenhuma outra carreira ou empreendimento!

Reflita, tome consciência e reconheça que a sua marca pessoal é um ativo extremamente poderoso, que você não deve desperdiçar com camuflagens e tampouco deixar de desfrutar de seus benefícios: a marca pessoal é reflexo direto de seu propósito, valores, suas forças e paixões e isso tem o poder de diferenciar e destacar você em um mercado altamente competitivo. O processo de diferenciação no mercado profissional é muito relevante e vamos abordá-lo nos capítulos 4 e 5.

3.1. Marca pessoal: ligando os holofotes certos

A sua marca pessoal – exclusiva e intransferível – é como você quer ser visto e se colocar diante do mercado profissional, aquele que é formado pelos públicos-alvo com potencial para contratar você como advogado ou lhe oferecer algum tipo de oportunidade de emprego ou renda na carreira. E reitero aqui que isso não é ser interesseiro e ter segundas intenções só focadas em dinheiro... Isso é ter visão de negócio. Você é o seu negócio. A sua carreira na advocacia é o seu negócio.

Mas vamos dizer por um momento que você decidiu deixar de ser advogado para empreender e se tornar dono de uma loja de customização de pintura automotiva. Seus serviços – vou chutar, porque é só um exemplo aleatório – custam entre R$ 30 mil e R$ 55 mil: você fará ações de *marketing* para públicos que não têm renda para pagar esses valores – nem mesmo se for dividido em parcelas fixas? Pense um pouco e me responda com sinceridade. Se você fizer *marketing* para o público errado, o seu novo negócio vai fechar rapidinho. Portanto, focar no público-alvo correto não é ser interesseiro. É encarar sua carreira como um negócio e buscar o melhor para você – e também para seus clientes, que poderão contar com sua competência profissional e expertise jurídica.

Para configurar a sua marca pessoal, antes, você tem que entender mais profundamente quem é você. Os exercícios do autoconhecimento, além da identificação clara de seu propósito e valores, vão lhe indicar também quais são os seus pontos fortes e quais são as suas lacunas de competências. Só isso, porém, não basta. É preciso alinhar os pontos fortes e os pontos fracos ao seu público-alvo e objetivos de carreira.

Vamos dizer que você, entre seus pontos fortes, tenha identificado que é uma pessoa que adora cozinhar e, mais recentemente, faz a alegria da família e dos amigos com seus pratos especiais. Pergunta: esse é um ponto forte sobre o qual você deve colocar os holofotes ao postar nas mídias sociais? Sim ou não? E por quê? Guarde um pouco suas respostas: mais adiante nesse mesmo capítulo, vamos falar sobre ações de *marketing* pessoal alinhadas à sua marca e, aí, você coloca na reflexão essas ideias.

Antes, vamos analisar outras situações. Na avaliação de seus pontos de melhoria, você identificou que – sempre que precisa falar em público seja para grandes ou pequenas audiências – sente medo. Bom, seja bem-vindo: pesquisa realizada pela *National Comorbity Survey Replication* (NCS-R)[1] mostra que falar em público está entre os medos mais frequentes das pessoas em todo o mundo. No Brasil, por exemplo, apenas 8% dos entrevistados afirmaram se sentir capazes de se expressar plenamente diante de uma plateia, enquanto 60% admitiram sentir diferentes graus de medo ao se expor diante dos outros.

---

[1] Medo de falar em público atinge 60% dos brasileiros. *ES Hoje* 07.12.2022. Disponível em: https://eshoje.com.br/2022/12/medo-de-falar-em-publico-atinge-60-dos-brasileiros/ Acesso em: 12 jan. 2023.

Nós, que somos advogados e fazemos parte dessa ampla maioria, temos que avaliar qual é o nosso grau desse temor e qual o impacto dele sobre nossa carreira. Qual é o tamanho do seu medo ao falar em público? Na sua atuação jurídica, você nota que se sairia melhor se conseguisse se expressar com menos tensão diante de colegas e clientes? O que você sente nessa hora pode ser chamado de medo ou já chegou ao patamar da glossofobia, que é o nome técnico para a fobia de falar em público?

É o autoconhecimento que vai lhe dar o caminho: se seu caso é um grau de medo mais trivial, existem cursos e capacitações técnicas que vão ajudar você a mitigar ou até a acabar com esse "drama". Já se sua autopercepção é de glossofobia, então, busque apoio da psicoterapia. Fobias podem ser tratadas e, se não curadas, pelo menos, ter seus impactos minimizados. A única opção que você não tem é ignorar o impacto negativo da glossofobia sobre sua vida profissional. Todo mundo tem problemas e enfrenta obstáculos: você não é melhor e nem pior do que ninguém. Reúna coragem e enfrente a questão.

Outro *gap* muito prejudicial é a falta de capacidade de autorregulação. É a pessoa que não consegue se manter equilibrada. Já explode, grita e parte para a briga diante de qualquer contrariedade. Posso lhe assegurar que esse é um dos piores venenos para a reputação de qualquer pessoa. Feche os olhos e diga: qual é o mínimo que se espera no tratamento interrelacional entre as pessoas? Respeito, não é? Por mais que, eventualmente, o profissional possa ter até alguma razão, quando alguém eleva a voz e agride verbalmente o outro, está cultivando má fama e vai colher a reputação de uma pessoa desequilibrada.

Tirando os casos mais extremos, que precisam contar com o suporte de profissionais da área de saúde psíquica, os nossos pontos fortes e fracos geralmente têm mais nuances. E, portanto, seus impactos sobre nossa carreira podem ser relativizados. Fiz mentoria uma vez para uma advogada que dizia: "Não posso, de jeito nenhum, trabalhar em Direito de Família. Não tenho paciência. Para mim, é mais trabalho para psicólogo do que para advogado. E eu sofro muito junto com todo mundo da família, especialmente se tiverem filhos".

Ter pouca paciência e excesso de empatia podem ser pontos de melhoria, claro. Porém, ela já não atuava – e nem queria atuar – na área de família. Então, esse era um *gap* que podia ser relativizado, pois não tinha impacto sobre sua carreira. Bastava, portanto, que ela direcionasse melhor os holofotes para os pontos fortes certos para sua área, que era o Direito Corporativo: além da expertise técnica, era perspicaz na avaliação de riscos e ágil no endereçamento das questões jurídicas do mercado financeiro, que era o seu setor de atuação.

Nós somos seres complexos e multifacetados. O processo de configuração da sua marca pessoal consiste justamente em você identificar e, mais do que isso, selecionar quais facetas devem ser iluminadas. Você também precisa escolher quais são os *gaps*, que deverão ser tratados para mitigar os efeitos negativos sobre sua carreira. Assim como não é preciso iluminar todas as facetas positivas, também não é necessário desenvolver todos os pontos fracos. Somos seres perfectíveis, isto é, somos capazes de evoluir e aprimorar nossas competências e habilidades, mas nunca seremos perfeitos. Felizmente.

3.2. Marketing pessoal: é hora de fazer a fama

Depois de identificar os pontos fortes e fracos e de selecionar quais devem ser iluminados, como a sua marca pessoal é levada para o mundo? Fazendo ao longo do tempo – com muita paciência e dedicação – ações de comunicação e divulgação alinhadas com o público-alvo da sua área de atuação jurídica. As ações de *marketing* pessoal são sua melhor ferramenta para ficar conhecido e se tornar reconhecido por aquelas pessoas com potencial para lhe oferecer uma oportunidade profissional.

Portanto, está na hora de fazer a fama, você gosta dessa ideia? É como diz Seth Godin, em seu livro *Isso é marketing – para ser visto é preciso aprender a enxergar*: "Assim como toda ferramenta poderosa, o impacto vem do artesão. O *marketing* tem hoje mais alcance e velocidade do que jamais teve. Com menos dinheiro, é possível criar um impacto muito maior do que era imaginável há dez anos. A pergunta que espero que você faça é: O que você vai fazer com esse impacto?". Você vai fazer publicidade enganosa, "vendendo lobo em pele de cordeiro"? Se a resposta for negativa, então, fique tranquilo: faça a fama e desfrute de seus benefícios.

Para começar nossa reflexão aqui, responda àquela pergunta anterior, que lhe fiz lá no início desse capítulo: com o objetivo de construir sua fama na área jurídica, você deve – ou não – postar nas mídias sociais aquela receita nova que você testou no final de semana e ficou deliciosa? Depende. A melhor resposta aqui é buscar o equilíbrio e o bom senso. Se quiser, é claro que você pode postar uma foto e compartilhar sua receita. Mas, como aqui nesse livro nossa conversa é dedicada à sua carreira na advocacia, a recomendação é que você procure não dar muito foco aos assuntos fora da sua vida profissional. Antes de publicar qualquer post, faça a você mesmo a seguinte pergunta: esse tema agrega valor para o meu desenvolvimento profissional?

Vou dar um exemplo pessoal: embora o meu principal foco de trabalho seja o desenvolvimento de carreiras e negócios na advocacia, já postei uma mensagem sobre *beach tennis*, um esporte que tenho praticado recentemente. Mas buscando uma conexão com minha especialidade profissional. Nesse meu post sobre *beach tennis, eu* reforçava a recomendação da prática esportiva, que é cientificamente comprovada como benéfica para a nossa saúde física e mental, mostrando que também pratico meu esporte favorito com regularidade. Essa é uma ação de comunicação coerente com meus objetivos profissionais como mentora e alinhada aos interesses do meu público-alvo prioritário. Assim como qualquer outra pessoa, eu também tenho que zelar e estar sempre atenta à forma e o conteúdo das minhas mensagens – tanto nas mídias sociais quanto na comunicação presencial.

Para fazer *marketing* pessoal com eficiência e eficácia, você tem que entender o seu público-alvo, ou seja, aprender a observar, ouvir e enxergar onde estão as pessoas do segmento do **seu interesse** e quais são os temas de **interesses delas**. O objetivo é estar presente e "falar" com essas pessoas, usando uma comunicação clara. São iniciativas com esse alinhamento de interesses, que vão dar mais visibilidade e transferir autoridade para a sua marca pessoal.

Se você é um advogado atuante no Direito Médico, por exemplo, tem que se tornar famoso entre as pessoas do mercado de saúde, clínicas, hospitais, laboratórios e médicos autônomos que, eventualmente, poderão lhe abrir portas e contratar os seus serviços. Você tem que frequentar os ambientes, participar de eventos e publicar nos veículos – *on-line* e impressos – que seu público-alvo mais lê. Sem essas ações coerentes e contínuas de *marketing* pessoal, você ficará invisível diante do seu público-alvo. É como diz aquele dito popular: quem não é visto, não é lembrado.

3.3. Reputação: você na percepção dos outros

Para avançar nessa parte da nossa conversa, é crucial que você entenda que marca pessoal e reputação são conceitos relacionados, porém, distintos: a sua marca pessoal é uma configuração intencional e estratégica, que envolve escolhas que você faz sobre como se apresentar, se comunicar e se posicionar no mercado. É mais abrangente, pois envolve a totalidade de quem somos e como nos apresentamos ao mundo. A marca pessoal pode ser cuidadosamente planejada e gerenciada, permitindo que você projete uma imagem específica e desejada.

Por isso, é também mais flexível, possibilitando que você adapte a sua imagem e mensagens conforme as necessidades e oportunidades do mercado e/ou da sua etapa de vida. Como já conversamos no Capítulo 2, a nossa perspectiva diante da carreira evolui ao longo dos anos e, periodicamente, a gente pode – e deve – fazer uma auditoria de marca pessoal para que ela também se adapte aos novos contextos da nossa vida.

Já a reputação desenvolve-se organicamente ao longo do tempo e é resultado da experiência que outras pessoas têm ao se relacionarem com você. É focada especificamente na percepção dos outros em relação ao nosso desempenho, comportamento e valores. Por isso, a reputação não pode ser controlada diretamente por você e, em geral, fica restrita ao círculo profissional e pessoal. Como consequência, a reputação é mais difícil de mudar, já que é baseada em experiências passadas e na percepção dos outros, que foi acumulada ao longo do tempo. A figura a seguir apresenta a distinção – na prática – entre marca pessoal e reputação:

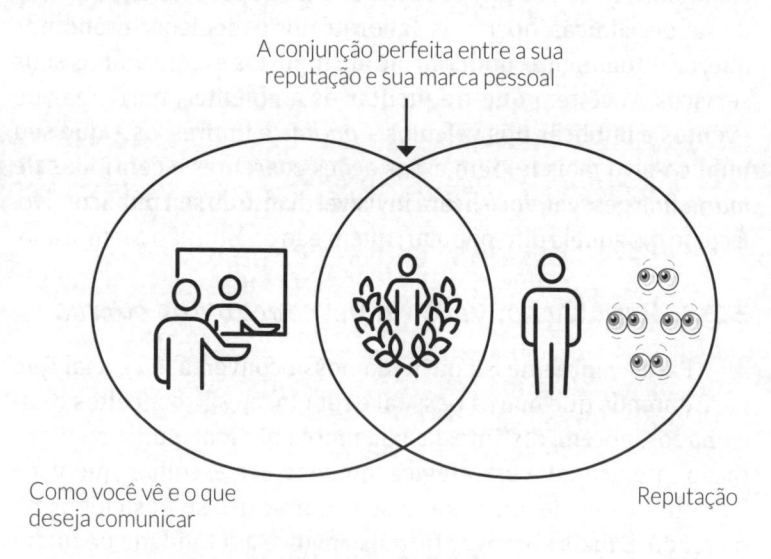

A conjunção perfeita entre a sua reputação e sua marca pessoal

Como você vê e o que deseja comunicar

Reputação

Fonte: elaborada pela autora.

Contar com uma boa reputação no mercado é uma vantagem competitiva, que se traduz em benefícios tangíveis e intangíveis. A construção dessa reputação, porém, é um processo, que exige paciência, e, para dizer a verdade, não é longo; é interminável. Costumo dizer que a construção e a consolidação de uma reputação estão sempre no gerúndio: estamos sempre construindo e consolidando... E qualquer vacilo pode ser fatal. Ou seja, reputação é algo difícil de construir e muito fácil de destruir. O bilionário Warren Buffett[2] tem duas frases que, para mim, resumem a fragilidade e o tremendo valor das reputações:

---

[2] Warren Buffett (1930) – investidor, empresário e filantropo norte-americano, é CEO da Berkshire Hathaway, uma das maiores e mais bem-sucedidas empresas de investimento do mundo, administrando mais de US$ 121 bilhões em ativos.

"Leva 20 anos para construir uma reputação e cinco minutos para arruiná-la."

"Perca dinheiro da firma e eu serei compreensivo. Perca uma migalha da reputação da firma e eu serei impiedoso."

Geralmente, as pessoas têm dificuldade de falar sobre o próprio trabalho, sobre o que fazem, sobre seu conhecimento e expertise. Os advogados, especialmente, costumam achar que "os outros" consideram seu trabalho chato. Em uma sessão de segunda-feira pela manhã, perguntei a um de meus mentorados como havia sido o final de semana e ele me fez um relato longo e entusiasmado sobre as partidas de tênis que havia jogado no clube do qual era sócio.

Quis saber, então, se ele havia conversado com o mesmo entusiasmo com alguma daquelas pessoas sobre a sua semana de trabalho: "Nem me lembrei, isso é irrelevante. Estava todo mundo ali a fim de relaxar. Não acho que ninguém estivesse interessado no meu trabalho". E eu argumentei, tentando mudar o enfoque: "Não estou me referindo à sua rotina, mas a alguns dos temas jurídicos com os quais você esteja trabalhando. É diferente. Sem quebrar a confidencialidade dos clientes, é claro que é possível conversar sobre questões jurídicas de interesse geral. Por exemplo: você poderia falar aquele caso curioso de publicações de vídeos na internet com músicas protegidas por direitos autorais que você estava estudando e que se relaciona com uma tendência cultural popular." .

É provável que essa percepção de que os assuntos profissionais são tediosos seja derivada daquele clichê equivocado de que nosso trabalho é apenas "o trabalho", aquela atividade diária desprovida de paixão ou interesse pessoal, que só serve para a gente ter dinheiro para pagar os boletos. Contudo, a realidade é que cada profissão tem suas peculiaridades fascinantes. No caso dos advogados, eles frequentemente se deparam com situações únicas, dilemas morais intrigantes e questões legais complexas que podem ser tudo – menos tediosas. Nosso trabalho é uma fonte inesgotável de histórias fascinantes, desde que saibamos comunicá-las com o mesmo entusiasmo com que falamos de nossos hobbies ou interesses pessoais.

E o mais bacana de tudo é que, quando você conversa e apresenta sua posição espontaneamente em determinados temas jurídicos, as pessoas ao redor vão formando uma imagem a seu respeito. E também fixando na memória qual é a sua área de atuação. Assim, quando tiverem necessidade ou alguém lhes pedir uma indicação de um advogado especializado naquele assunto, elas vão lembrar do seu nome. Acontece desse jeito em todas as áreas, especialmente entre os profissionais liberais, pois a maioria dos clientes chega até eles por indicação de outros. Com os médicos, por exemplo, ocorre exatamente o mesmo processo.

Consigo lembrar de uma nutróloga que reservou lugar na minha memória por causa de uma meia hora de conversa na praia, enquanto esperávamos a chuva passar. Eu saí para caminhar e a chuva começou bem na mesma hora. Olhei ao redor e, quando vi uma pessoa sozinha, abrigada em uma tenda grande de praia, pedi licença para ficar ali também por uns minutos. Começamos a conversar e logo ela estava me falando muito informalmente sobre sua especialidade médica, que é o tratamento da doença celíaca.[3]

Eu ouvi com bastante interesse, pois desconhecia como é amplo o espectro de sintomas que podem ser causados pelo glúten. Ao final da conversa, cheguei à seguinte conclusão: felizmente, não sofro de doença celíaca, mas, se um dia alguém me pedir uma indicação, pode ter certeza de que lembrarei o nome daquela médica. Muito mais do que simpática, ela me transmitiu confiança em sua competência profissional com sua serenidade e segurança para falar do assunto. Portanto, quando se trata de construir reputação, minha recomendação é que você nunca perca uma oportunidade de "plantar uma boa semente" na memória dos outros.

É com ações de *marketing* pessoal desse tipo – até singelas, mas conscientes e contínuas – que você vai construir sua reputação ao longo dos anos. Agora, chegamos a uma questão-chave

---

[3] Doença celíaca – quando a pessoa ingere alimentos com glúten – proteína encontrada em trigo, cevada e centeio -, o sistema imunológico ataca erroneamente o revestimento do intestino delgado, gerando dificuldade para absorção de nutrientes e sintomas digestivos, além de fadiga, anemia, perda de peso e erupções cutâneas, entre outros.

que antecede tudo isso: sua reputação não é construída apenas com ações de *marketing*; a confiança é a pedra angular de tudo na prestação de serviços. E confiança a gente só consegue conquistar quando a outra pessoa percebe em nossas atitudes e comportamentos diários a mais completa coerência entre aquilo que somos e aquilo que fazemos. Isto é, você pratica aquilo que diz e aparenta ser.

Para as pessoas que convivem mais próximas com a gente, a construção de vínculos de confiança é até fácil: basta a gente ser autêntico, agindo sempre de acordo com nossos valores. As pessoas estão próximas; elas sentem, veem e registram na memória que somos de confiança, formando pouco a pouco nossa boa reputação. Já para as pessoas mais distantes nos nossos círculos de relacionamento, nos próximos capítulos, nós vamos abordar o plano mercadológico para sua atuação jurídica e o uso das ferramentas de comunicação, abordando a adoção de ações estruturantes *on-line* e *off-line* para a divulgação de sua marca pessoal e a construção de sua reputação.

> **Sinopse legal**
>
> - Marca, *marketing* e reputação pessoal funcionam como uma engrenagem bem azeitada: com base no autoconhecimento, você configura a sua marca pessoal e é por meio do *marketing* pessoal (comunicação), que você construirá sua reputação.
> - Tem gente que, só de ouvir falar em *marketing* pessoal, já associa tudo à falsidade. Existem, de fato, pessoas medianas que se "vendem" muito bem, mas que na hora H não conseguem entregar os resultados esperados. São só "propaganda enganosa".
> - Mas existem também outras pessoas que oferecem o seu melhor, atingem resultados acima da média e se "vendem" muito mal, deixando de desfrutar dos benefícios gerados por sua marca pessoal e reputação.
> - Algumas dessas pessoas chegam a sofrer da Síndrome do Impostor. Imersas em crenças negativas sobre si mesmas,

estão sempre tensas com medo de fracassar, embora tenham ótima formação acadêmica, capacitação técnica e excelente desempenho.

- Se você se reconheceu em um dos dois grupos descritos acima, para o bem da sua carreira, recomendo que corrija a rota, porque nenhum deles vai lhe trazer o melhor resultado em seu desenvolvimento profissional como advogado.
- Sua marca pessoal é um ativo poderoso, que você não deve desperdiçar com camuflagens e nem com crenças negativas. Ela é reflexo direto de seu propósito, valores, suas forças e paixões e isso tem o poder de diferenciá-lo em um mercado altamente competitivo.
- Sua marca pessoal – exclusiva e intransferível – é como você quer ser visto e se colocar diante do mercado profissional, aquele que é formado pelos públicos-alvo com potencial para lhe oferecer uma oportunidade de carreira.
- Isso não é ser interesseiro e ter segundas intenções só focadas em vantagens para você. Isso é ter visão de negócio. Você é o seu negócio. A sua carreira na advocacia é o seu negócio.
- Para configurar a sua marca pessoal, antes, você tem que entender mais profundamente quem é você. Os exercícios do autoconhecimento, além de identificar seu propósito e valores, vão lhe indicar também quais são os seus pontos fortes e quais são os seus *gaps*.
- É preciso alinhar os pontos fortes e os pontos fracos ao seu público-alvo e aos seus objetivos de carreira. Se quer se tornar referência como advogado tributário, não seria coerente divulgar nas mídias sociais suas habilidades na cozinha, não é mesmo?
- Entre os pontos fracos também há aqueles que precisarão ser desenvolvidos e os que são irrelevantes para sua carreira. Nós somos seres complexos e multifacetados e o autoconhecimento é chave para você decidir quais pontos iluminar com os holofotes.
- Depois de identificar os pontos fortes e fracos e de selecionar quais devem ser iluminados, você leva sua marca ao mercado, realizando ações de *marketing* pessoal – com muita paciência e dedicação.

- As ações de comunicação e divulgação alinhadas com o público-alvo são a melhor ferramenta para você ficar conhecido e se tornar reconhecido no mercado jurídico em que você atua.

- Quando for fazer uma ação de *marketing*, pergunte-se antes: esse tema agrega valor para o meu desenvolvimento de carreira? Se a resposta for "não", pense em outro assunto que esteja conectado à sua vida, ao seu trabalho e também ao seu público-alvo.

- Para fazer *marketing* pessoal com eficiência e eficácia, você tem que entender o seu público-alvo, ou seja, aprender a observar, ouvir e enxergar onde estão as pessoas do segmento do **seu interesse** e quais são os temas de **interesses delas**. São iniciativas com esse alinhamento de interesses, que vão dar mais visibilidade e transferir autoridade para a sua marca pessoal.

- Por exemplo: se você for um advogado atuante no Direito Médico, tem que se tornar famoso entre os médicos que, eventualmente, poderão lhe abrir portas e assinar contratos de prestação de serviços ou oferecer um emprego.

- Você tem que frequentar os ambientes, participar de eventos e publicar nos veículos – *on-line* e impressos – que seu público-alvo mais lê. Não se trata daquilo que você prefere, mas de onde seu público-alvo está.

- Sem essas ações coerentes e contínuas de *marketing* pessoal, você ficará invisível diante do seu público-alvo. É como diz aquele dito popular: quem não é visto, não é lembrado.

- É crucial que você entenda que marca pessoal e reputação são conceitos distintos: a sua marca pessoal é uma configuração intencional e estratégica, que envolve escolhas que você faz sobre como se apresentar, se comunicar e se posicionar no mercado.

- A marca pessoal é mais abrangente, pois envolve a totalidade de quem somos e também mais flexível, permitindo que você adapte a sua imagem e mensagens conforme as necessidades e oportunidades do mercado e/ou da sua etapa de vida.

- Nossas perspectivas de carreira evoluem ao longo dos anos e, periodicamente, a gente pode – e deve – fazer uma auditoria de marca pessoal para que ela também se adapte aos novos contextos da nossa vida.

- Diferente da marca pessoal, a reputação se desenvolve organicamente e resulta da experiência que os outros têm ao se relacionarem com a gente. É focada especificamente na percepção dos outros em relação aos nossos valores e comportamentos.

- Por essa razão, a reputação não pode ser controlada diretamente por nós e, em geral, fica restrita ao nosso círculo profissional e pessoal. Consequentemente, a reputação é mais difícil de mudar, pois não podemos apagar a percepção que os outros têm de nós.

- Contar com uma boa reputação no mercado é uma vantagem competitiva, que se traduz em benefícios tangíveis e intangíveis. A construção dessa reputação, porém, é um processo, que exige paciência, e, para dizer a verdade, não é longo; é interminável.

- Costumo dizer que a construção e a consolidação de uma reputação estão sempre no gerúndio: estamos sempre construindo e consolidando... E qualquer vacilo pode ser fatal. Ou seja, reputação é algo difícil de construir e muito fácil de destruir.

- Geralmente, as pessoas têm dificuldade de falar sobre o próprio trabalho, sobre o que fazem, sobre seu conhecimento e expertise. Os advogados, especialmente, costumam achar que "os outros" consideram seu trabalho chato.

- Quando você conversa e apresenta sua posição espontaneamente em determinados temas jurídicos, as pessoas ao redor vão formando uma imagem a seu respeito. E também fixando na memória qual é a sua área de atuação.

- Quando a pessoa tiver necessidade ou alguém lhes pedir uma indicação de um advogado especializado naquele assunto, elas vão lembrar do seu nome – caso você já tenha conversado um pouco com elas sobre algum tema jurídico específico da sua área de atuação.

- Portanto, quando se trata de construir reputação, minha recomendação é que você nunca perca uma oportunidade de "plantar uma boa semente" na memória dos outros.

- É com ações de *marketing* pessoal desse tipo – até singelas, mas conscientes e contínuas – que você vai construir sua reputação ao longo dos anos.

- Há, porém, uma questão-chave que antecede tudo isso: sua reputação não é construída apenas com ações de *marketing*; a confiança é a pedra angular de tudo na prestação de serviços.

- E confiança a gente só consegue conquistar quando a outra pessoa percebe em nossas atitudes e comportamentos diários a mais completa coerência entre aquilo que somos e aquilo que fazemos. Isto é, você coloca em prática tudo aquilo que diz e aparenta ser.

- Para as pessoas que convivem mais próximas com a gente, a construção de vínculos de confiança é até fácil: basta a gente ser autêntico e agir sempre de acordo com nossos valores. As pessoas sentem, veem e registram na memória que somos de confiança, formando pouco a pouco nossa boa reputação.

- Para os públicos-alvo mais distantes nos nossos círculos de relacionamentos, vamos abordar nos próximos capítulos o plano mercadológico para sua atuação jurídica e o uso das ferramentas de comunicação, abordando a adoção de ações estruturantes *on-line* e *off-line* para a divulgação de sua marca pessoal e a construção de sua reputação.

Capítulo **4**

ALTO IMPACTO E GRANDE VALOR

Inicio este capítulo com o relato de um episódio recente ocorrido durante uma sessão de mentoria com Camila, uma jovem advogada em busca de orientação para uma transição de carreira. No começo da nossa jornada, ela expressou em uma das nossas sessões:

– Olívia, estive avaliando com calma minhas perspectivas e considero que poderia sair da área de falências e migrar para os segmentos jurídicos de X, Y, Z ou H (nem vem ao caso aqui quais são essas quatro áreas citadas por Camila e você vai entender por que ao longo da história).

– Interessante... você já pensou em viajar?

– Não, Olívia. No momento, estou focada na minha transição de carreira.

– Mas antes quero lhe apresentar uma analogia. Vou fazer um paralelo com uma viagem. Uma transição de carreira bem-sucedida, ou seja, sem arrependimentos futuros, exige um planejamento comparável ao de uma viagem.

– Não entendi ainda...

– Vamos lá: a primeira coisa que a gente faz ao decidir viajar, é definir o destino e quando vai viajar para lá, certo? Essa decisão vai levar a outras questões muito importantes: Quando você for para lá, será inverno ou verão? Que tipo de roupas você deverá colocar na mala? Quantos dias pretende passar por lá? Quanto dinheiro você deve dispor para passar X dias durante a temporada de verão/inverno naquele tal lugar? Há muita diferença, muita mesma, entre passar, por exemplo, dez dias na temporada de esqui em Aspen ou cinco dias de Carnaval em Salvador, correto? Então, o que estou querendo lhe mostrar com essa analogia é que, antes de começar a fazer uma transição de carreira, é imprescindível planejar e definir aonde você quer chegar e quando. Todas as outras perguntas e suas respectivas respostas são decorrência dessa decisão primordial: ONDE e QUANDO.

Não pude deixar de observar que, no final da minha argumentação, Camila me olhou com um meio sorriso, como se estivesse pensando: "Claro, Olívia. Isso é tão óbvio..." Mas são os pontos mais óbvios que costumam nos escapar aos olhos, porque "viram paisagem" e se camuflam no cenário geral. As obviedades acabam ficando de fora também das tentativas mais sinceras de avaliar com lógica e racionalidade nossos projetos de vida e profissionais. E, cá entre nós, se o óbvio estivesse perceptível de antemão para Camila, ela não teria levantado a possibilidade de fazer uma transição de carreira para quatro diferentes áreas... Só é possível ir a algum lugar depois de decidir que lugar é esse – o único destino da nova jornada que você vai começar a empreender.

Há pouco tempo, li em algum *site* na internet outra obviedade que nos escapa com muita frequência. Era uma frase em inglês que, em tradução livre, afirma o seguinte: "A direção a seguir é mais importante do que a velocidade. Há muita gente boa indo depressa para lugar nenhum." Portanto, são dois os fatores bem óbvios sempre válidos para todo projeto de vida que você for colocar em execução – não somente para transições de carreira: 1) decidir o objetivo antes de iniciar a jornada; e 2) não acelerar demais ao longo do trajeto para não comprometer a qualidade do processo e, portanto, prejudicar o resultado alcançado.

4.1. Definindo a direção da sua jornada

Tendo chegado a um consenso sobre a necessidade da definição prévia do seu objetivo (ONDE) e da importância da paciência diante da velocidade inerente à execução do projeto (QUANDO), você dá continuidade de que forma (COMO) ao seu projeto de desenvolvimento pessoal? Esse COMO é a sua proposta de valor, ou seja, aquilo que você vai oferecer aos seus potenciais clientes. Em capítulos anteriores, nós já definimos algumas etapas preliminares, de acordo com a seguinte ordem:

1. Exercitando o autoconhecimento, você identifica seu propósito e valores mais essenciais alinhados ao seu momento de vida: propósito e valores evoluem com você, portanto, podem, sim, adequar-se ao longo do tempo àquilo que você passou a valorizar mais. Por exemplo: batalhar por uma promoção imediata ou desacelerar um pouco agora para ter mais tempo de qualidade com os filhos? Agora faz mais sentido para você deixar a promoção para daqui a três anos?

2. Configurada com base em seu propósito e valores, você expressa a sua marca pessoal por meio dos seus comportamentos diante das pessoas: os comportamentos e atitudes individuais são a prática dos nossos valores diante do mundo.

3. Com ações frequentes e sistemáticas de *marketing* pessoal, você divulga a sua marca e, gradativamente, vai formando a sua reputação como pessoa e profissional. Essa reputação é um dos melhores e mais valiosos ativos que alguém pode ter, pois é o que vai lhe render dividendos ao longo de toda a sua carreira. A gente esquece, mas não há nada de novo nisso. Já na Roma Antiga, Públio Siro escreveu: "A boa reputação é um segundo patrimônio."[1]

4. Essas primeiras etapas são um processo iterativo. Isto é, um ciclo perene de retroalimentação: seu propósito e valores mudam ao longo do tempo, sua marca pessoal

---

[1] Públio Siro (85 a.C – 43 a.C.), foi um escritor da Roma Antiga cujas principais frases estão reunidas no livro *Frases Célebres*, edição em espanhol, Editora Clipper.

flexibiliza um pouco e as ações de comunicação e *marketing* pessoal se adequam ao novo contexto e às práticas de mercado que também mudam constantemente.

5. No entanto, o efeito do *marketing* e da comunicação da sua marca pessoal – não, a velocidade do processo – pode ser potencializado pela sua "proposta de valor", que é um refinamento da sua marca pessoal. Enquanto a marca pessoal, é o seu jeito de se comunicar com o mundo exterior, enfatizando os pontos mais positivos; você vai ver nesse capítulo que a proposta de valor é mais pensada, estruturada de forma mais racional e estratégica. É que quanto mais "impacto" a sua proposta de valor for capaz de gerar em seu "público-alvo", maior será a percepção da sua marca pessoal e a contribuição para a formação de sua reputação profissional como advogado.

4.2. Impacto: quanto maior, melhor

Esse quinto tópico insere novas ideias em nossa conversa sobre desenvolvimento de carreira na área jurídica: ao falar sobre proposta de valor, estamos, necessariamente, tratando de impacto, público-alvo e diferenciação. E, consequentemente, estamos falando também da distinção entre preço e valor. Vamos começar com alguns exemplos do que é causar maior ou menor impacto. Suponha duas situações diferentes.

Na primeira, o cliente está vendendo um de seus imóveis para comprar um novo apartamento para a filha que vai se casar. Ele conseguiu um comprador direto – sem a intermediação de uma imobiliária – e entrou em contato com você: vai lhe passar por e-mail todos os dados do comprador e também os dele e do imóvel a ser vendido para que você redija um contrato claro e seguro para as duas partes. O pagamento do apartamento será feito em duas parcelas apenas: uma entrada de 30% e 70% no dia da transferência do registro do imóvel. Não tem muita pressa, você pode enviar a minuta do contrato para ele na semana que vem.

A segunda situação é a seguinte: o cliente, bastante nervoso, entra em contato com você lá pelas 20 horas de um sábado. Está na delegacia por ter causado lesões corporais ao atropelar uma jovem de 25 anos, que quebrou um braço e uma perna. Ele prestou socorro imediato e passou limpo no exame do bafômetro. A moça já está com o braço e a perna engessados e apenas em observação no hospital. Os pais dela, porém, foram para a delegacia e querem abrir um Boletim de Ocorrência (BO) por lesão corporal contra seu cliente. Você chega à delegacia às 21h30 e aquele curso de Negociação e Administração de Conflitos feito no ano passado lhe traz bons resultados "quase imediatos": às 1h30 da madrugada, com bons argumentos favoráveis, você finalmente consegue convencer os pais da jovem a desistirem de registrar o BO. No final, ainda dá uma carona para seu cliente voltar para casa.

Em qual das duas situações a atuação do advogado causou maior impacto para o cliente? A resposta é muito fácil, não é? É evidente que o cliente que estava na delegacia pelo atropelamento culposo percebe, sente e reconhece ter recebido um "valor" muito maior do que aquilo que pagou de honorários para o advogado dele. Isso, claro, em comparação com o advogado que redigiu o contrato de venda do imóvel do cliente – sem pressa, na semana seguinte. Ao ler a comparação entre essas duas situações, é bem provável que alguém pense o seguinte: "Bom, então, eu, que trabalho como advogado na área imobiliária, NUNCA vou causar um impacto significativo na vida dos meus clientes". Será mesmo assim?

Não é bem assim, não... O grau do impacto depende muito mais das circunstâncias vividas pelo cliente: a necessidade, a urgência, o montante financeiro envolvido... Não é diretamente proporcional à área do Direito em que você trabalha. Em outros contextos, em comparação a outras situações e realidades de mercado, é possível gerar um impacto perceptível e reconhecido – talvez, grande – pela diferenciação dos comportamentos que você expressa com sua marca pessoal. Na área imobiliária, é possível que você seja proativo e se especialize, por exemplo, na estruturação de *holdings* familiares. Assim como o curso de Negociação e Administração de Conflitos foi uma diferenciação para o advogado que atendeu o caso do atropelamento culposo... Fazer especializações é uma das formas possíveis de diferenciação no mercado. É um jeito de você se preparar para novas oportunidades de causar impactos mais significativos em seus clientes.

4.3. Valor, preço e reciprocidade

Vamos imaginar uma terceira situação: você, que é advogado na área imobiliária, tem entre seus clientes um médico já idoso (75 anos), que é proprietário de sete imóveis cujos contratos de locação estão sob sua responsabilidade. Ou seja, é uma família de classe média-alta e o médico acabou de receber a notícia de que sua saúde não anda tão bem quanto antes. Ele contou a má notícia para o casal de filhos – já adultos, casados e com dependentes – e para as duas ex-mulheres, também já idosas (mais de 65 anos). Como não é nada incomum nesse tipo de situação, começaram as pressões para que ele fizesse uma partilha em vida dos imóveis.

Adoentado e pressionado, o cliente entra em contato com você, que sugere a ele – entre outras possibilidades – a formação de uma *holding* familiar para viabilizar a gestão e a futura transmissão de bens imobiliários com encargos mais vantajosos para todos. A solução proposta e viabilizada por você tem um grande impacto sobre o cliente, porque despressuriza o ambiente e a família retorna à convivência amigável. Resolvidos os problemas – complexos e difíceis – que aquele médico estava vivenciando em família, como acha que ele se sentiu? Grato e satisfeito, considerando que o valor do honorário pago ao advogado que o atendeu foi muito justo e disposto a indicá-lo para amigos e conhecidos vivenciando situações semelhantes.

A gente causa mais impacto na vida dos outros quando resolve um problema do que quando proporciona um prazer à pessoa. E quanto mais grave e/ou mais complexo for o problema (a dor do cliente), maior será a percepção do impacto causado. Por exemplo, viabilizar o acordo de um divórcio conflituoso certamente será percebido como algo que tem muito mais valor do que preparar a papelada para um divórcio consensual. E a dimensão do impacto gerado serve de medida para "o valor" que o cliente percebe e reconhece no seu trabalho e, consequentemente, para o honorário que ele estará disposto a pagar pelo serviço jurídico recebido.

Embora valor percebido não seja sinônimo de preço, a gente sempre tem disposição de pagar mais caro por aquilo em que a gente reconhece maior valor. Essa disposição para "pagar mais caro" é resultado de um viés cognitivo que todos nós temos – sem exceção – que é o viés da reciprocidade. Vamos ver como isso funciona nas nossas relações diárias. Nossas decisões e escolhas não se baseiam somente em nossa racionalidade: tudo que fazemos sofre influência também dos nossos vieses cognitivos, entre eles, o da reciprocidade.

Em maior ou menor grau, todo mundo tem esse viés, essa tendência de retribuir aquilo que recebeu dos outros. Então, quando o advogado me presta um serviço jurídico em que eu reconheço um alto valor, tenho a tendência de querer retribuir isso e me sinto disposto a pagar mais caro pelos serviços dele. É por isso, exatamente, que um jovem advogado – ainda pouco experiente e trabalhando em causas menos complexas – não consegue cobrar um honorário equivalente ao de um profissional mais sênior, que se dedica a solucionar – ou pelo menos mitigar os efeitos negativos – casos mais intrincados e mais densos em nuances.

E nada disso significa que os profissionais mais jovens não possam se beneficiar da oferta de uma proposta de valor ao seu público-alvo. Ao contrário, porque na carreira, nem tudo se trata de remuneração e resultados financeiros imediatos. No dia a dia do trabalho, o viés da reciprocidade ajuda muito também na formação de vínculos interpessoais de confiança e respeito. Um estagiário de Direito, por exemplo, pode agregar muito a um escritório, oferecendo ao seu público-alvo (seus chefes) a seguinte proposta de valor: curiosidade, comprometimento, pontualidade, responsabilidade, dedicação e muita iniciativa, que é a disposição para aprender o que ele ainda não sabe fazer.

Esses comportamentos expressos por sua marca pessoal somados à ação do viés da reciprocidade têm grande chance de resultar em efetivação no escritório ao final do período de estágio. A proposta de valor do estagiário valeu a pena? É claro que sim, especialmente se ele planejou desde o início que esse era o ONDE e o QUANDO que ele queria chegar nessa sua fase de carreira. Ou seja, deixar de ser estagiário e passar a ser contratado como advogado júnior naquele escritório. COMO ele conseguiu isso? Pondo em prática – com paciência e persistência – a sua proposta de valor.

Já que falei no parágrafo anterior sobre "planejar desde o início", gostaria de fazer aqui um parêntese e voltar rapidamente a um ponto que considero importante: ainda existe muita gente que é resistente ao planejamento de carreira. Para essas pessoas, planejar é sinônimo de engessar, de tirar a graça das surpresas trazidas pela vida ou até mesmo não passa de uma grande bobagem – "porque a gente planeja e a vida acontece e muda tudo que foi planejado".

É verdade que a vida tem suas incertezas e riscos, que podem trazer adversidades imprevistas, mas já pensou enfrentar tudo que é adverso sem planejar nada? As chances de um revés aumentam muito. Por isso, encaro o planejamento por outro ângulo: a gente planeja para ter uma base sólida para poder REplanejar, quando algum imprevisto nos afasta de nossos objetivos. Planejar nos dá mais liberdade e até a possibilidade de improvisar com chances bem maiores de acertar. Em meu livro *Mentoria e coaching jurídicos*, eu dedico o Capítulo 2 – O plano é virar o jogo! – a essa questão da importância do planejamento de carreira.[2] Se você está entre as pessoas resistentes a um bom plano de carreira, dê uma lida nesse capítulo para ver se muda de ideia.

4.4. Público-alvo é para acertar na mosca

Partindo do princípio de que seu "plano de viagem" já tem definidos ONDE, QUANDO e COMO, antes de se colocar em ação para começar a jornada, você tem que identificar os seus possíveis públicos-alvo e decidir por um deles. Isso mesmo, um único público-alvo. Isso é o que o Seth Godin, marketeiro norte-

---

[2] Em meu livro *Mentoria e coaching jurídicos* (Curitiba: Juruá, 2022), leia mais sobre como estruturar um plano de carreira no Capítulo 2 (páginas 41 a 67) e enfrentar nossa realidade diária na qual não temos nenhum controle sobre as incertezas, mas – com planejamento – podemos exercer algum controle sobre os riscos.

-americano, palestrante e autor de 18 best-sellers, entre eles, *Tribos* e *Marketing de permissão*, chama de "o menor público viável".³ Isso significa que você deve olhar para uma fatia, um segmento de mercado que seja apenas o suficientemente grande para viabilizar a geração de receita prevista para aquela etapa do seu plano de carreira. Depois do ONDE, QUANDO e COMO, você agora terá o seu PARA QUEM.

Além de identificar esse público-alvo, você tem que compreender a visão de mundo dessas pessoas, que têm em comum um conjunto de valores, crenças, impressões, sentimentos e uma concepção da vida e da realidade meio inconsciente e quase intuitiva (cosmovisão). Ou seja, você tem que identificar a "tribo" que tem um conjunto de características semelhantes, necessidades específicas e está em busca de algo que você tem competência para oferecer. É visando gerar o maior impacto possível para esse público-alvo específico, que você vai estruturar e praticar a sua proposta de valor como advogado.

Eu vou voltar a Seth Godin para dar um exemplo prático que ele mesmo costuma contar em suas palestras. Sendo autor de 18 best-sellers, Seth, eventualmente, faz uma espécie de mentoria para novos escritores, que se sentem ainda um pouco inseguros em relação ao tipo de conteúdo, linguagem e formas de publicação de seus futuros livros. Por exemplo: é melhor buscar uma editora tradicional ou optar pela autopublicação? Seth conta que, antes de começar a mentoria, a primeira pergunta que ele faz a novos autores é algo assim: você já identificou e compreende a cosmovisão do seu "menor público viável"? Sem essa resposta, ele afirma que nem segue adiante com a mentoria.

Segundo o próprio Seth explica em vídeos já publicados no YouTube e afirma em um post em seu *Seth's Blog*:⁴

---

3   GODIN, S. *Isso é Marketing – para ser visto é preciso aprender a enxergar.* Rio de Janeiro: Alta Books, 2019.
4   *Seth's Blog – The minimum viable audience*, post publicado em 20.03.2019, em tradução livre. Disponível em: https://seths.blog/2019/03/the--minimum-viable-audience-2/. Acesso em: 28 fev. 2024.

> *{O menor público viável é} o menor grupo que pode sustentar o seu trabalho... Se você optar pelos integrantes dessa audiência, o que estará obtendo? Os sonhos, as visões de mundo deles, toda aquela energia que eles têm, tudo para você. Se você os escolher e precisar agradá-los porque não há outro público disponível, o seu produto ou serviço vai se desenvolver? Se você não tiver outra escolha a não ser ignorar os pessimistas (eles não fazem parte do grupo) ou as pessoas que acham que não precisam de você ou do seu trabalho, isso forçaria você a parar de se esconder e começar a se destacar? Duas coisas acontecem quando você consegue agradar ao seu menor público viável:*
>
> *1. Você descobre que a audiência é, de fato, bem maior do que esperava*
>
> *2. Eles vão contar sobre você para os outros da mesma tribo*
>
> *Por outro lado, quando você objetiva agradar a uma audiência de massa (apenas outra palavra para audiência média), provavelmente, você também vai criar algo mediano. E isso não vai levar você muito longe.*

Traduzindo agora a ideia de Seth com minhas próprias palavras: se você não sabe PARA QUEM vai escrever um livro, então, talvez seja melhor nem começar a escrever. E isso nos leva à seguinte conclusão: nas suas ações de *marketing*, para divulgar sua marca pessoal e sua proposta de valor – seja *on-line* ou *off-line* – você não precisa (e não deve) visar o mercado como um todo. Para gerar algum impacto capaz de afetar o mercado todo (mesmo que de forma difusa e indistinta), você tem que usar uma linguagem mediana, oferecer um serviço jurídico mediano, que será percebido com valor mediano e será remunerado por um preço mediano. É como diz Seth: isso não vai levar você muito longe.

Suas ações de comunicação e *marketing* para divulgação de sua marca pessoal e proposta de valor – do planejamento à ativação – têm que ser certeiras. Se você vai, por exemplo, a um evento com o objetivo específico de fazer *networking*, isso é muito positivo. No entanto, ao sair de casa para ir ao evento, você já deve ter em mente o nome de no máximo duas pessoas que gostaria de ter a oportunidade de conhecer ali. Quando chegar lá, não precisa colocar um sorrisão no rosto e sair apertando a mão e cumprimentando o Brasil. Mantenha o foco em encontrar a oportunidade para conhecer aquelas duas pessoas que você já identificou pelo nome e posição ocupada. Se a cada evento que for para fazer *networking*, você conseguir conhecer e causar uma boa impressão inicial em duas ou três pessoas realmente relevantes para o seu setor de atuação... Em alguns anos, você terá uma rede de contatos bem robusta– e útil. Sem esquecer, é claro, que você terá que cultivar todos esses relacionamentos, mas isso nós vamos conversar no Capítulo 6, que é dedicado às técnicas e práticas de *networking*.

E para encerrar essa questão, eu vou lhe repetir aqui exatamente a frase que eu já escrevi nesse mesmo livro no Capítulo 3. Se você deixou passar despercebida, está aqui a repetição de uma previsão certeira: "Se você fizer *marketing* para o público errado, o seu novo negócio vai fechar rapidinho. Portanto, focar no público-alvo correto não é ser interesseiro. É encarar sua carreira como um negócio e buscar o melhor para você – e também para seus clientes, que poderão contar com sua competência profissional e expertise jurídica".

4.5. Pondo no papel seu plano de carreira

Como a ideia aqui é avançarmos juntos em seu projeto de desenvolvimento de carreira, não vou repassar pontos já abordados em nossa conversa em meu primeiro livro *Mentoria e coaching jurídicos* (Curitiba: Juruá, 2022). Mas acontece que boa parte do que falamos lá serve de fundamento para que a gente possa evoluir aqui. Então, minha sugestão é que você leia ou releia, pelo menos, o Capítulo 2 do livro anterior – *O plano é virar o jogo!* -, pois ali apresento as ferramentas básicas – todas muito úteis e disponíveis gratuitamente na internet – para você traçar seu plano de desenvolvimento de carreira. Por exemplo: vou utilizar aqui com você agora uma tela que adaptei para a estruturação de sua proposta de valor, que é dos mesmos autores do canvas do Business Model Generation (BMG).[5]

Vamos lá: na página 60 do meu primeiro livro, está a tela do BMG adaptada para você refletir sobre seu plano de carreira:

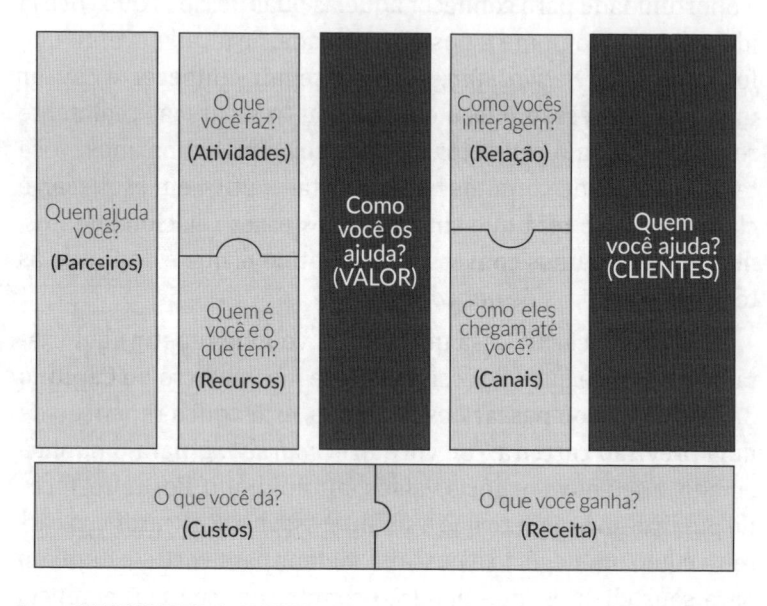

Quem ajuda você? (Parceiros)	O que você faz? (Atividades)	Como você os ajuda? (VALOR)	Como vocês interagem? (Relação)	Quem você ajuda? (CLIENTES)
	Quem é você e o que tem? (Recursos)		Como eles chegam até você? (Canais)	
O que você dá? (Custos)			O que você ganha? (Receita)	

Fonte: OSTERWALDER, A.; PIGNEUR, Y. *Business Model Generation (BMG)*. Rio de Janeiro: Alta Books.

E a seguir está o canvas para você estruturar a proposta de valor de sua marca pessoal, partindo de duas seções da tela do BMG: QUEM você ajuda? e COMO você os ajuda? Ou seja, agora vamos aplicar aqueles conceitos anteriores que a gente já conver-

---

[5] BMG – metodologia apresentada no livro *Business Model Generation*: inovação em modelos de negócios, publicado por Alexander Osterwalder e Yves Pigneur em cocriação com 470 colaboradores de 45 países. O canvas do BMG e da Value Proposition (Proposta de Valor) estão disponíveis gratuitamente na internet. Há um vídeo de animação bem bacana, resumindo (em inglês) em três minutos a aplicação da tela da Proposta de Valor. Disponível em: https://www.strategyzer.com/library/the-value-proposition-canvas. Acesso em: 4 mar. 2024.

sou nesse capítulo para identificar para quais CLIENTES (perfil ou cosmovisão, como queira) a sua atuação como advogado pode ter o maior VALOR (impacto). Veja abaixo a tela que adaptei de Osterwalder e Pigneur para usar aqui com você e ajudá-lo a traçar sua proposta de valor como advogado:

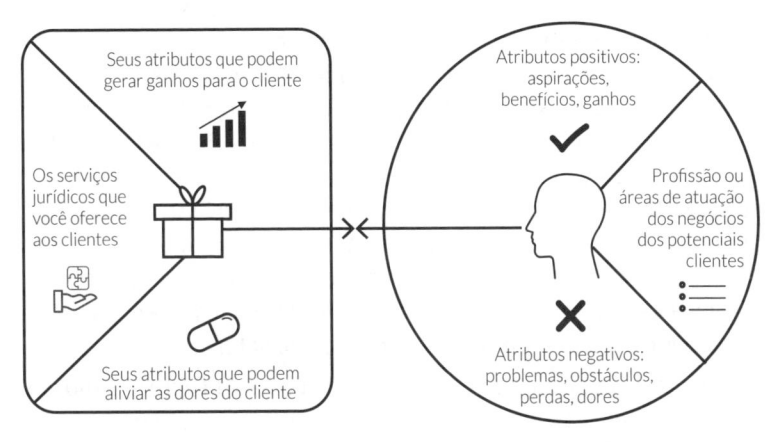

```
┌─────────────────────────────┐   ┌─────────────────────────────┐
│   Seus atributos que podem  │   │   Atributos positivos:      │
│   gerar ganhos para o cliente│  │   aspirações,               │
│                             │   │   benefícios, ganhos        │
│   Os serviços               │   │                             │
│   jurídicos que             │   │         Profissão ou        │
│   você oferece              │>─<│         áreas de atuação    │
│   aos clientes              │   │         dos negócios        │
│                             │   │         dos potenciais      │
│                             │   │         clientes            │
│                             │   │                             │
│   Seus atributos que podem  │   │   Atributos negativos:      │
│   aliviar as dores do cliente│  │   problemas, obstáculos,    │
│                             │   │   perdas, dores             │
└─────────────────────────────┘   └─────────────────────────────┘
```

Fonte: Strategyzer AG – The makers of Business Model Generation and Strategyzer.

Um dos pontos mais bacanas dessa tela é exatamente a possibilidade de visualização da lógica do processo de estruturação da proposta de valor. Como nos ensina o marketeiro Seth Godin, tudo começa pela identificação do público-alvo. Ali, do lado esquerdo do canvas, estará o seu "mínimo público viável". Cada terça parte do círculo é uma pergunta para a qual você deve identificar as respostas. Por exemplo: Quais é a profissão ou a área de atuação profissional do grupo de pessoas que forma o seu público-alvo?[6] O que mais elas têm de semelhante na visão de mundo? Quais as dores que têm em comum? Quais são os

---

[6] Vale dizer que público-alvo é diferente de persona. A diferença está no quão profundo é o estudo sobre os clientes e *leads* de uma empresa. Enquanto a persona traz informações específicas e detalhadas do cliente ideal para uma estratégia de *marketing* e vendas otimizadas, o público-alvo trabalha com dados gerais e definições mais amplas. Para saber mais, leia esse texto de Cristiane Thiel, *Perfil de Cliente Ideal (ICP): O Que é e Como Definir*, que

problemas e obstáculos que enfrentam em sua profissão ou área de atuação de negócios? O que lhes causa as principais perdas? Quais são as maiores perdas e quais as menores?

As mesmas perguntas você vai fazer em relação aos atributos positivos, só que dessa vez seu raciocínio busca a identificação dos fatores que geram ganhos para seu público-alvo. Conforme você vai chegando às respostas, você as escreve em *post-its* e cola em cada um dos três segmentos do círculo com a identificação do seu público--alvo. Não tenha pressa: essa reflexão pode demorar alguns dias, pois não é tão fácil como parece. Reproduza a tela da Proposta de Valor em um cartaz grande e coloque na parede em frente à sua cadeira. Faça um tipo de ritual para iniciar a "partida", concentrando-se por algumas horas nessa primeira atividade e depois... deixe acontecer. Mantendo a visão da tela à sua frente, conforme os dias vão passando, você vai ser capaz de trazer novos *inputs* valiosos – quase sem perceber o esforço – para a sua proposta de valor.

Quando concluir esse ciclo com o público-alvo, faça o mesmo em relação aos seus atributos como advogado. Como o maior impacto nos clientes é gerado por aquilo que alivia as dores mais fortes e/ou mais complexas, comece por essa pergunta: quais são os meus atributos como advogado que podem aliviar as maiores dores do meu público-alvo? Quais são minhas possíveis soluções para as menores dores deles? Em seguida, você avalia quais são os seus atributos capazes de causar ganhos diretos para os clientes. E, como sempre, vai anotando e colando tudo na tela da sua proposta de valor. Por último, com a visão ampliada pela perspectiva do seu público-alvo e dos seus atributos mais poderosos, você começa a registrar no papel os serviços jurídicos que respondem mais diretamente a essas questões todas. A sua proposta de valor está "quase lá".

Eu ainda acrescento mais dois fatores nessa reflexão: concorrência e diferenciação. Para conquistar esse público-alvo específico, você vai disputar CONTRA QUEM? Faça uma avaliação do perfil de seus concorrentes e responda pelo menos duas perguntas: 1) o que seus concorrentes têm que é melhor do que você?;

é bem interessante. Disponível em: https://cristianethiel.com.br/perfil--de-cliente-ideal/. Acesso em: 25 mar. 2024.

e 2) O que você tem que é melhor do que seus concorrentes? Isso nada mais é do que saber identificar seus PONTOS FORTES e seus PONTOS DE MELHORIA – aquele conjunto de atributos que você deve iluminar (fortes) e/ou investir para desenvolver (fracos) para se tornar mais atraente para os clientes potenciais que formam o seu público-alvo. Fora desse conjunto específico de atributos, você não precisa nem iluminar e nem aprimorar mais nada – pelo menos, no que se refere a seu desenvolvimento de carreira. Se você ainda ficou em dúvida sobre o que merece ser iluminado em sua proposta de valor, leia a seção *Marca pessoal: ligando os holofotes certos* no Capítulo 3 deste livro, ok?

Quando a gente faz essa avaliação dos concorrentes, o que está buscando é a forma de se diferenciar deles. Isso quer dizer que você estará se colocando diante de mais uma pergunta: o que eu devo fazer para ampliar a diferença a meu favor diante da concorrência? Para ser igual à maioria, você nem teria iniciado essa jornada de desenvolvimento de profissional, não é mesmo? Definir uma estratégia de diferenciação diante do público-alvo é importante para aumentar a probabilidade de sucesso de seu plano de carreira.

Observe a ilustração a seguir e faça uma comparação com a que coloquei no capítulo anterior: a proposta de valor entra na sua jornada de desenvolvimento de carreira como uma forma de catalisar as ações de *marketing* para divulgar a sua marca pessoal e potencializar o impacto gerado em seu público-alvo. Por fim, nosso objetivo é que haja tanta sinergia entre sua marca pessoal e sua proposta de valor e que as duas coisas se combinem tão bem que se fixem de forma indelével na memória do seu público-alvo.

Marca pessoal   Marketing pessoal   **Proposta de valor:** potencializa o impacto gerado por sua marca pessoal no público-alvo.   **Reputação profissonal**

Fonte: elaborada pela autora.

É a consolidação da sua reputação na mente da "tribo" de clientes potenciais, que vai trazer benefícios e impulsionar sua carreira na advocacia. Esse é um ativo profissional que demora muito a ser conquistado, mas – em compensação – ninguém pode lhe tirar isso. Só você mesmo é capaz de destruir sua reputação agindo e se comportando fora dos limites de seu propósito e valores mais essenciais de ética e integridade. Excluindo grandes vaciladas desse tipo, encerro o capítulo reforçando três palavras na sua memória: resiliência, paciência e persistência – as três têm significativos que, quando combinados, tornam muito mais sólido o terreno por onde você vai traçar sua jornada. No próximo capítulo, vamos falar sobre ferramentas e práticas para configuração da sua marca pessoal e proposta de valor diferenciada.

Sinopse legal

- O primeiro passo de um projeto de desenvolvimento de carreira é definir ONDE e QUANDO você quer chegar a seu novo objetivo profissional.
- Muitas outras decisões que você irá tomar futuramente dependem dessas duas definições primordiais.
- Fazer uma transição de carreira é como planejar uma viagem: você decide primeiro para onde e quando quer viajar e depois define quanto dinheiro vai precisar, que roupas deve levar na mala...
- Na verdade, essas duas decisões preliminares: ONDE e QUANDO valem para todo e qualquer projeto de vida ou profissional que você queira executar.
- Achei outro dia uma frase bacana na internet, que tem tudo a ver com projetos de vida: "A direção a seguir é mais importante do que a velocidade. Há muita gente boa indo depressa para lugar nenhum."
- Há dois fatores preliminares imprescindíveis em todo projeto: 1) decidir o objetivo antes de iniciar a jornada e 2) não acelerar demais ao longo do trajeto para não comprometer a qualidade do processo e, portanto, prejudicar o resultado alcançado.

- Exercitando o autoconhecimento, você identifica seu propósito e valores mais essenciais de acordo com o seu momento de vida: propósito e valores evoluem com você e devem se adequar àquilo que você passa a valorizar mais.

- Configurada com base em seu propósito e valores, sua marca pessoal se expressa por meio dos comportamentos diante das pessoas. Os comportamentos são a prática de nossos valores diante do mundo.

- Com ações frequentes e sistemáticas de *marketing* pessoal, você divulga a sua marca e, gradativamente, vai formando a sua reputação como pessoa e profissional.

- O efeito – não, a velocidade do processo – da comunicação de sua marca pessoal pode ser potencializado pela sua **proposta de valor**, que é o COMO você coloca em prática a sua marca pessoal.

- Quanto maior for o impacto que sua proposta de valor gera em seu público-alvo, maior será a percepção da sua marca e a formação de sua reputação.

- Como – a princípio e por si só – a sua carreira como advogado não causa nenhum dano ao ambiente ou às pessoas, abordamos aqui somente os impactos positivos potenciais de sua marca pessoal.

- O impacto causado no cliente por sua atuação como advogado pode ser maior ou menor: a gente causa mais impacto nos outros quando resolve um problema (dor) ou do que quando proporciona um prazer.

- O impacto é sempre maior quando solucionamos um problema – mais grave ou mais complexo – do que outro mais corriqueiro: solucionar um acordo de divórcio conflituoso tem mais valor do que preparar a papelada para um divórcio consensual.

- Embora valor percebido não seja sinônimo de preço, a gente sempre tem disposição de pagar mais caro por aquilo em que a gente reconhece maior valor.

- A disposição para "pagar mais caro" é resultado do viés cognitivo da reciprocidade. Em maior ou menor grau, todo mundo tem esse viés, essa tendência de retribuir aquilo que recebeu dos outros.

- Então, quando o advogado me presta um serviço jurídico em que eu reconheço um alto valor, tenho a tendência de querer retribuir isso e me sinto disposto a pagar mais caro pelos serviços dele.
- Só que, na carreira, nem tudo é remuneração e resultados financeiros imediatos. No dia a dia do trabalho, o viés da reciprocidade ajuda também na formação de vínculos de confiança e respeito.
- Um estagiário de Direito, por exemplo, agrega muito valor a um escritório, oferecendo aos sócios a seguinte proposta de valor: curiosidade, trabalho com paixão e dedicação, cuidado com prazos e disposição para aprender o que ele ainda não sabe fazer.
- Expressando dessa forma sua marca pessoal, ao final do estágio, o jovem tem mais chances de ser efetivado como advogado júnior. Valeu a pena sua proposta de valor? É claro que sim, especialmente se ele planejou que esse era o ONDE e o QUANDO queria chegar nessa fase de carreira.
- Tem muita gente que ainda tem resistência em fazer um bom plano de carreira. Acreditam que o planejamento engessa, tira a graça das surpresas da vida ou acaba mesmo é sendo inútil.
- Encaro o planejamento por outro ângulo: a gente planeja para ter uma base sólida para poder REplanejar. Planejar dá mais liberdade para a gente improvisar com chances bem maiores de acertar.
- No seu "plano de viagem", você já tem definidos ONDE, QUANDO e COMO. Mas, antes de começar a jornada, você tem que identificar e compreender o seu "mínimo público viável", que é o seu PARA QUEM.
- Ou seja, você tem que identificar a "tribo" que tem um conjunto de características semelhantes, necessidades específicas e está em busca de algo que você tem competência para oferecer.
- É visando gerar o maior impacto possível para esse público-alvo específico, que você vai estruturar e praticar a sua proposta de valor como advogado.

- Suas ações de comunicação e *marketing* para divulgação de sua marca pessoal e proposta de valor – do planejamento à ativação – têm que ser certeiras.
- Se for a um evento para fazer *networking*, mantenha o foco em encontrar a oportunidade para conhecer aquelas duas ou três pessoas que você já identificou pelo nome e posição ocupada – e são relevantes no seu público-alvo.
- Para fazer divulgação nas mídias sociais, não adianta comprar listas de nomes de pessoas desconhecidas e dar um tiro de canhão para acertar uma andorinha.
- Mantenha em mente o seguinte: em toda iniciativa de comunicação e *marketing* você deve procurar acertar o seu público-alvo na mosca.
- Antes de avançar na estruturação de sua proposta de valor, sugiro que você leia o Capítulo 2 do meu primeiro livro *Mentoria e coaching jurídicos* (Curitiba: Juruá, 2022), pois ali apresento as ferramentas para você traçar seu plano de desenvolvimento de carreira.
- Usando um modelo adaptado do canvas de proposta de valor de Osterwalder e Pigneur, você identifica para quais CLIENTES a sua atuação como advogado pode ter o maior VALOR (impacto).
- Quando concluir esse ciclo com o público-alvo, faça o mesmo em relação aos seus atributos como advogado, começando por se perguntar: quais são os meus atributos como advogado que podem aliviar as maiores dores dos meus clientes potenciais?
- Com a visão ampliada pela perspectiva do seu público-alvo e dos seus atributos mais poderosos, você começa a registrar no papel os serviços jurídicos que respondem mais diretamente a essas questões todas. Essa será a sua proposta de valor.
- Eu ainda acrescento mais dois fatores nessa reflexão: concorrência e diferenciação.
- Faça uma avaliação do tamanho e do perfil de seus concorrentes e responda pelo menos duas perguntas: 1) o que seus concorrentes têm que é melhor do que você?; e 2) O que você tem que é melhor do que seus concorrentes?

- Quando a gente faz essa avaliação dos concorrentes, está buscando a forma de se diferenciar deles. Isso é: o que eu devo fazer para ampliar a diferença a meu favor diante da concorrência?
- Definir uma estratégia de diferenciação diante do público-alvo é importante para aumentar a probabilidade de sucesso de seu plano de carreira.
- Para conhecer mais sobre armas de diferenciação estratégica, leia em meu livro, *Mentoria e coaching jurídicos* (Curitiba: Juruá, 2022), o Capítulo 3 (páginas 69 a 100), que apresenta as armas estratégicas de diferenciação que você pode utilizar para se tornar mais atrativo diante de seu público-alvo.
- A proposta de valor entra na sua jornada de desenvolvimento de carreira como uma forma de catalisar as ações de *marketing* para divulgar a sua marca pessoal e potencializar o impacto gerado em seu público-alvo.
- Sua reputação profissional é um ativo que demora muito a ser conquistado, mas – em compensação – ninguém pode lhe tirar isso.
- Só você mesmo é capaz de destruir sua reputação agindo e se comportando fora dos limites de seu propósito e valores mais essenciais de ética e integridade.
- Para encerrar, reforço três palavras na sua memória: resiliência, paciência e persistência – as três têm significativos que, quando combinados, tornam muito mais sólido o terreno por onde você vai traçar sua jornada.

Capítulo 5

PROPOSTA DE VALOR DIFERENCIADA

Vamos fazer o jogo de associação de ideias: eu digo uma palavra e você responde com a primeira coisa que lhe vier à cabeça. Quando eu digo "MESA", no que você pensa? E quando eu falo "TEMPO", você lembra de quê? E ao ouvir a palavra "TRABALHO" qual é a primeira associação que você faz? Aposto que muitos pensaram em dinheiro, salário, contas a pagar... É uma reação quase automática: reduzimos nosso trabalho diário ao valor financeiro que pagará as despesas do mês. Claro, alguns podem pensar além, talvez em poupar uma parte para o futuro. No entanto, essa percepção imediata é muito limitada. O trabalho é uma faceta essencial de nossas vidas, representando muito mais do que simplesmente uma fonte de renda.

Para o nosso bem e/ou para o nosso mal, o trabalho afeta todos os demais aspectos da nossa vida. É por isso que eu digo e insisto: por mais que a gente queira fazer a separação entre vida pessoal e vida profissional, isso não existe. É tudo uma vida só e está tudo integrado dentro de nós. Além disso, nossa profissão ocupa boa parte das 24 horas dos nossos 365 dias por ano. Portanto, quando se trata de carreira, definitivamente o dinheiro não é tudo.

Nossa carreira – incluindo o período da formação acadêmica – é o fator que nos coloca em contato diário com pessoas, possibilidades, aprendizados, novos conhecimentos, propõe desafios, ultrapassa limites... e amplia nossos horizontes e vivências. É a carreira que enriquece a nossa vida para que possa ser mais plena e interessante. Como dizia o psicanalista Contardo Calligaris:

> *Questão dupla, então: O que seria uma vida plena? O que seria uma vida interessante? [...] Uma vida interessante {é aquela em} que você se autoriza a viver intensamente. Autoriza-se a viver com toda intensidade que todos os momentos da nossa vida merecem.*[1]

E é essa intensidade (muito mais do que simplesmente dinheiro) que a carreira ajuda a canalizar todos os dias para a nossa vida.

5.1. Por quê? Como? E o quê?

É por isso que mentores e profissionais da área "psi", têm tanto nos falado sobre a necessidade de alinhar trabalho e propósito de vida. Eu mesma lá em meu primeiro livro já apresentei a mandala do IKIGAI (razão de viver), aplicando-a a situações da escolha da profissão ou de transição de carreira[2], quando a necessidade de adensar e aprofundar o autoconhecimento se torna ainda maior. Nossa conversa aqui, porém, é sobre configuração da marca pessoal. Ou seja, você não está questionando o fato de ser advogado. Em busca da sua marca pessoal, ao contrário, o que você quer é alavancar a sua carreira na advocacia. Por isso, em vez da mandala do IKIGAI, agora considero mais adequado sugerir a você o uso de outra ferramenta, que é o Círculo de Ouro (*Golden Circle*), do inglês Simon Sinek.

Criado para ser aplicado no processo de construção de marcas corporativas (*branding*), o Círculo de Ouro pode ser

---

[1] CALLIGARIS, C. *O sentido da vida*. São Paulo: Planeta do Brasil, 2023.

[2] Se você anda pensando em fazer uma transição de carreira, leia no Capítulo 2 do meu livro *Mentoria e Coaching Jurídicos* (São Paulo: Editora Juruá, 2022) a seção *POR QUÊ? É o ponto de partida*, das páginas 47 a 64.

transposto com facilidade para o contexto da configuração da sua marca pessoal, possibilitando uma visão mais objetiva de *marketing*. Com três círculos concêntricos, a ferramenta do Sinek vai ajudar você a refletir e se questionar sobre o PORQUÊ, COMO e O QUE norteiam a sua carreira no Direito.[3] Quando bem alinhados, esses elementos criam uma marca pessoal ou corporativa forte e coerente. Utilize a figura a seguir e responda às perguntas que adaptei para a sua realidade profissional como advogado com o objetivo de configurar a sua marca pessoal, alavancar a carreira e ter uma vida mais plena e interessante:

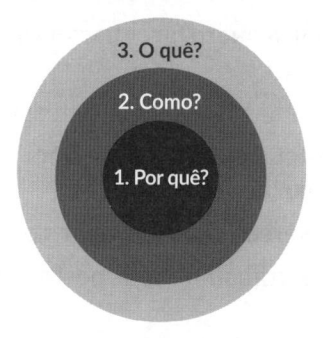

Fonte: Adaptado de Simon Sinek pela autora.

1. O seu **PORQUÊ** é o centro, o cerne essencial, a sua motivação de vida. É a causa que inspira você e, além disso, é a base que vai gerar a confiança e a lealdade de seus clientes. Avalie com calma os interesses e as paixões que levaram você a escolher a Faculdade de Direito. Dentro do campo jurídico, identifique as áreas em que você é mais apaixonado e as questões legais que costumam lhe deixar mais motivado. Esses interesses mais espontâneos podem se tornar suas áreas de especialização e ajudar você a se diferenciar no mercado. É a paixão que

---

[3] Se quiser, assista antes a conferência de Simon Sinek na TED nesse vídeo legendado. Disponível em: https://www.youtube.com/watch?v=SAJyyl5jTpo. Acesso em: 15 abr. 2024.

tem o poder de trazer mais intensidade e brilho para o seu desempenho no dia a dia e alavancar o seu sucesso profissional. Responda às perguntas a seguir para identificar o seu propósito como advogado:

- **Qual é minha verdadeira motivação para ser advogado?**

    O que me levou a escolher a carreira na advocacia?

    Quais são as crenças ou valores que me guiam como profissional?

- **Que impacto quero ter com meu trabalho?**

    Que diferença quero fazer na vida dos meus clientes ou na sociedade?

    Qual é a minha visão de um sistema legal ideal?

- **Por que meus clientes deveriam se importar com o que eu faço?**

    O que eu ofereço que é de valor significativo para eles?

    Como meu trabalho afeta positivamente as vidas de outras pessoas?

2. Em seguida, você deve refletir sobre **COMO** pode transformar seu propósito em algo prático, passando – necessariamente – pelo alinhamento com seus princípios e valores, que devem incluir aqueles imutáveis, como ética, justiça, integridade, responsabilidade social e inovação, mas precisam também estar adequados à sua etapa de vida. Comece listando suas habilidades e competências jurídicas. Pense nas habilidades técnicas, como conhecimento em áreas específicas do Direito, domínio de procedimentos legais e capacidade de pesquisa e análise. Considere também suas habilidades interpessoais, como comunicação, negociação, liderança e empatia. Avalie seu grau de atendimento em cada competência e habilidade, destacando aquelas em que você é particularmente forte e as que podem ser melhoradas. Em seguida, identifique os processos que diferenciam sua abordagem dos clientes, sejam pessoas físicas ou jurídicas. Caso sinta

dificuldade para identificar quais são ou podem vir a ser seus diferenciais, leia a seção **Diferenciação é arma estratégica** mais adiante mesmo capítulo e depois retorne a essas questões abaixo, ok?

- **Quais métodos ou abordagens me distinguem dos outros advogados?**

  Que estratégias jurídicas específicas eu utilizo?

  Há princípios éticos ou filosóficos que orientam a minha prática legal?

- **Como mantenho minha excelência e integridade profissional?**

  Que práticas ou rotinas asseguram a qualidade e a ética do meu trabalho?

  Como eu garanto a transparência e a comunicação com meus clientes?

- **Como eu me atualizo e me adapto às mudanças no campo jurídico?**

  Que tipo de desenvolvimento profissional continuado eu persigo?

  Como eu incorporo novas leis, tecnologias ou tendências na minha prática?

3. O seu **O QUÊ** são os produtos/serviços que você oferece a partir do seu "Por quê" e que são operacionalizados por meio do "Como". É, na prática, o que resulta da soma de suas paixões e interesses com as suas melhores habilidades e competências. Agora, as questões a responder são mais diretas e objetivas:

- **Quais serviços específicos eu ofereço?**

  Que áreas do direito eu cubro?

  Quais são os tipos específicos de casos ou questões legais que eu trato?

- **Como eu descrevo os serviços que ofereço aos potenciais clientes?**

  Como eu comunico os benefícios e os diferenciais dos meus serviços?

Que linguagem ou mensagens uso para descrever minha oferta de serviços?

- **Quais resultados tangíveis meus clientes podem esperar de mim?**

Que exemplos concretos de sucessos anteriores posso compartilhar?

Como eu meço e demonstro o sucesso nos casos que trato?

Não tenha pressa nesse processo de identificação do seu PORQUÊ, COMO e do O QUÊ. Reserve-se o direito de passar alguns dias com a mente focada nesses questionamentos. É quando a gente se liberta das pressões, que surgem as respostas mais intuitivas, criativas e producentes. Procure fazer esse percurso reflexivo com prazer. E, se em uma primeira rodada, o seu propósito não for identificado, mantenha a tranquilidade, combinado? Dê um tempo, esqueça do assunto por uns dias e depois volte a percorrer as perguntas, como se estivesse fazendo um passeio agradável por dentro de você mesmo.

5.2. Dois mitos a serem derrubados

O Direito é um campo vastíssimo e tem conexão com quase tudo. Dificilmente deixará de haver um ponto de conexão entre o que você mais gosta de fazer e alguma área jurídica promissora. Se a sua paixão e maior interesse são os esportes, por que você não poderia ser um bem-sucedido advogado na área do Direito Desportivo? Já se o seus olhos só brilham mesmo por causa dos jogos digitais, por que não se dedicar ao *Gaming Law*, o direito dos *gamers*, que têm se destacado tanto quanto os melhores jogadores de futebol do mundo? E se a sua paixão é tecnologia, tem o Direito Digital, uma área tão nova e tão ampla, que traz uma infinidade de possibilidades de atuação.

Além disso, em um país com dimensões continentais como o Brasil, a advocacia também pode acompanhar seu estilo de vida... não é preciso viver em grandes capitais para exercê-la. O setor rural também é pródigo em clientela jurídica com grandes negócios em expansão acelerada. Vamos supor que, desde criança, a sua paixão seja viver no campo numa rotina diária sem trânsito, menos poluição e com horários mais flexíveis: nesse caso você pode ser um advogado especializado no agronegócio, o que, por sua vez, já é um setor bem vasto também. Sua carreira pode ser dedicada a atender cooperativas, laticínios, empresas no setor cafeeiro ou madeireiro... E assim por diante. A partir da identificação do seu propósito, paixão e maiores interesses, todas as portas do Direito estão abertas para você.

Mas quero aproveitar esse momento para falar com você e tentar desmitificar um pouco essa coisa do propósito. O autoconhecimento é um processo contínuo e interminável. Não existe uma ferramenta capaz de lhe dar a garantia de que você vai usá-la e terá uma iluminação imediata: seu propósito de vida não surgirá das profundezas do seu ego, rodeado por uma aura cintilante e pronto para revolucionar a sua carreira. E não precisa ser uma epifania para ser eficaz. Às vezes, o processo pode ser mais demorado, fazendo você passar por momentos em que se sente meio sem rumo. Contudo, mantenha a calma: um ótimo primeiro resultado pode ser identificar aquilo que você NÃO GOSTA e formar a convicção daquilo que não gostaria de fazer de jeito nenhum. A partir daí, você vai avançando por eliminação até chegar a respostas mais próximas da sua paixão e interesses.

Encontrar o seu propósito requer certa paciência com a própria subjetividade e, por contraditório que pareça, precisa contar também com um olhar mais objetivo para lidar com as questões práticas que envolvem a sua carreira. Por isso, recomendei nessa fase a aplicação do Círculo Dourado. Essa ferramenta ajuda bastante com a abordagem mais racional e mercadológica para a configuração da sua marca pessoal. No entanto, caso se sinta mais ansioso, não hesite em procurar um profissional em mentoria ou até mesmo o apoio de um processo psicoterápico. Vai dar tudo certo: sem pressa e sem pressão.

Antes de seguir adiante no exercício de configuração da sua marca pessoal, tem um outro ponto que gostaria de tentar desmitificar. Por mais que sua atuação como advogado esteja em sintonia com suas paixões e interesses, haverá dias – e até fases

– em que você vai se sentir aborrecido e até mesmo entediado. Embora negativos, esses sentimentos não devem ser nunca ignorados – até porque também são fonte de autoconhecimento. E, por isso mesmo, podem ser muito úteis para fazer ajustes em sua trajetória ou na forma de realizar o seu trabalho diário. Exemplo disso foi o que ocorreu com um de meus clientes. Fábio tem um perfil bastante extrovertido. Gosta de fazer vínculos de amizade, é falante, amigável e costuma estar sempre bem-humorado.

De fato, ele só ficava aborrecido e mal-humorado, quando tinha que passar horas no escritório, sentado na frente do computador, redigindo as peças para encaminhar os processos. O que lhe faltava não eram o conhecimento técnico e os argumentos jurídicos para estruturar as demandas. O que lhe fazia falta era a disposição para passar horas e horas sozinho diante do computador, "trancado no escritório sem ver ninguém", como ele mesmo falava sobre o momento de ter que redigir as iniciais, as contestações e os recursos dos processos... Para ele, a melhor hora era estar em contato com os clientes, conversando, pensando em estratégias e possibilidades de encaminhamento dos casos. Também não se importava de ter que ir aos fóruns, fazer audiências, porque ali estava em contato com as pessoas e tinha a oportunidade de trocar e ser amigável com todo mundo.

Quando Fábio iniciou o processo de mentoria comigo, ele ainda não tinha tão claro esse diagnóstico da parte que ele gostava e da parte que ele não gostava na sua rotina de advogado. Naquele momento, depois de ter passado por alguns grandes escritórios, ele estava iniciando seu primeiro voo solo. Tinha aberto sua própria banca há pouco mais de seis meses e, de repente, o trabalho diário parecia monótono, entediante – até claustrofóbico. Depois de algumas sessões exercitando o autoconhecimento, ele conseguiu entender qual era a parte de que NÃO GOSTAVA no trabalho. Em seguida, avaliando em profundidade as situações vivenciadas no dia a dia, chegou à parte de que mais gostava, que era, justamente, se relacionar com as pessoas. E isso, em vez de um problema, é uma enorme qualidade: na verdade, todo advogado tem que gostar de gente, tem que estar disposto a colaborar na solução dos problemas dos outros. E isso Fábio tem de sobra.

Com essa dose extra de autoconhecimento, não foi difícil para ele perceber que a solução do seu aborrecimento com a sua carreira na advocacia era até bem simples e acessível. Ele só precisava da parceria de alguém que fosse mais técnico e gostasse de escrever, tivesse talento para redigir as peças em seu lugar e não achasse que ficar no escritório o dia inteiro fosse um sacrifício. Isto é, um advogado com competências complementares às suas. Com isso em mente, Fábio resolveu fazer um teste. Ele era também professor de Direito e tinha acesso a jovens em formação acadêmica, que precisavam estagiar e aprender com um profissional mais experiente. Estagiários ele já havia selecionado muitos nos escritórios em que trabalhou antes, mas nunca havia buscado entre seus alunos alguém com um talento especial para a redação de peças jurídicas – e as aulas, os trabalhos e as provas eram uma ótima chance para fazer essa seleção.

Dali a alguns meses, em mais uma de nossas sessões, Fábio trouxe a boa notícia: havia selecionado uma garota que fora sua aluna e acabara de se formar em Direito. E contou todo satisfeito: "Nas aulas, ela sempre me parecia muito tímida, era a mais quieta da turma, mas sempre ia bem nas provas e, especialmente, apresentou um excelente Trabalho de Conclusão de Curso. Para ser sincero, eu tinha até um pouco de apreensão por ela: achava que ia ser dura a rotina de advogada com aquele jeito mais fechado e circunspecto. Mas com esse novo olhar que o autoconhecimento me possibilitou, pude ver que quem estava sofrendo à toa era eu. Observei com mais autocrítica e cuidado o comportamento dela e propus um teste de redação de peças. Ela aceitou e eu lhe dei as coordenadas técnicas. Dali uns dias, Tamara me enviou o texto por e-mail. Quando li as peças, vi que tinha achado a parceria profissional mais adequada para mim. E, para ela também, pois está tendo a oportunidade de aprender na prática que um pouco de abertura e troca com os demais não faz mal a ninguém e é fundamental para o crescimento em uma profissão que é sempre sobre as pessoas."

5.3. *Proposta de valor diferenciada*

No capítulo anterior, fizemos uma abordagem um pouco mais conceitual sobre os elementos que compõem sua proposta de valor. Agora, a ideia é a gente ser mais pragmático e acompanhar você em uma reflexão sobre questões práticas, que envolvem a configuração da sua proposta de valor diferenciada. Nossa conversa vai girar em torno de seis questões mercadológicas e, em seguida, vou abordar um fator crucial que é a diferenciação diante da concorrência. Antes de entrar nisso, porém, temos que compreender com mais clareza a diferença entre o que é mercado, área, segmento e nicho de atuação jurídica. Há aqui um tipo de hierarquia na qual o mercado é o mais amplo e abrangente enquanto o nicho é o menor de todos, mas nem por isso o menos lucrativo setor de atuação dos advogados, como vamos ver logo a seguir.

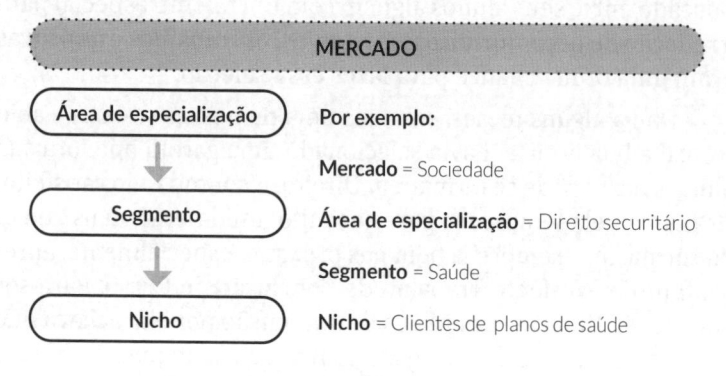

MERCADO

Área de especialização ↓ Segmento ↓ Nicho

Por exemplo:

Mercado = Sociedade

Área de especialização = Direito securitário

Segmento = Saúde

Nicho = Clientes de planos de saúde

Fonte: elaborada pela autora.

Na carreira de advogado, o mercado é toda a sociedade: com raras exceções, mais cedo ou mais tarde, todas as pessoas e todos os tipos de empreendimentos precisam contar com os serviços jurídicos prestados por algum advogado. Por sua enorme dimensão, o mercado pode parecer atraente, mas é melhor observar com cuidado. Ali estão também todos os seus concorrentes, especialmente aqueles que atuam sem especialização e sem diferenciação: é o que chamo de "profissional bombril", pois presta serviço em 1.001 especialidades jurídicas e não tem domínio técnico profundo em nenhuma delas. Em outras palavras, você não se diferencia e consegue articular uma boa proposta de valor, quando quer focar no mercado como um todo, ok?

Dentro do mercado, estão todas as áreas de especialização do Direito, como Cível, Criminal, Ambiental, Tributário, Digital, Trabalhista, Consumidor... e tantas novas outras áreas que estão surgindo com a evolução tecnológica e social. Boa parte das áreas de especialização ainda são bem amplas e genéricas, passando a contar com contornos mais nítidos a partir dos segmentos. Por exemplo: você pode ser um advogado especializado na área do Direito Tributário atuando no segmento do agronegócio ou no de mobilidade. Observe que alguns segmentos ainda são bastante abrangentes e, dentro deles, o ideal é que você busque um nicho, que é um pedaço bem menor do segmento. Você vai ver ao final dessa nossa conversa que existem até mesmo os subnichos bastante promissores.

Nessa busca, é possível também fazer uma inversão da "lógica mercadológica", especializando-se em algum tipo de serviço jurídico, que atende a uma necessidade específica comum a diferentes setores, indústrias ou segmentos. Você pode se especializar, por exemplo, na prestação de serviços de propriedade intelectual ou na regularização de imóveis rurais e, nesse caso, vai atender a empresas atuando em diferentes setores. Além disso, também é possível prestar um serviço específico para clientes pessoas físicas. É assim que atualmente advogados são especializados em questões como guarda de pets, direito da diversidade, violência contra mulheres ou defendem causas trabalhistas e previdenciárias com foco em altos executivos.

O nicho mais atraente para você é aquele onde o seu conhecimento técnico atual e futuro se encontra com a sua paixão e os seus interesses – desde que haja ali demanda suficiente para que seu serviço jurídico se desenvolva com eficiência e lucratividade. E aqui chegamos à nossa primeira questão mercadológica:

5.3.1. A questão mercadológica: a demanda do nicho é viável?

Vamos retomar aqui a ideia de Seth Godin, que apresentamos no capítulo anterior, sobre o "menor público viável", lembra? Isso significa que o nicho em que você está pretendendo focar a sua proposta de valor diferenciada não pode ser pequeno demais. Tem que ter uma demanda viável. Para avaliar isso, você tem que fazer perguntas e pesquisar as respostas em entidades como Sebrae, associações setoriais e também usar ferramentas digitais não só para dimensionar a demanda, como também para entender se a tendência do tamanho do nicho é crescer, manter-se estável ou diminuir.

Nessa análise competitiva e mercadológica, é preciso levar em consideração as mudanças legislativas, regulatórias e tecnológicas que estão no horizonte. Essas tendências podem vir a afetar o comportamento do nicho, alterando as demandas existentes ou fazendo com que surjam novas oportunidades ou ameaças. Entre as principais perguntas a serem feitas, aqui estão algumas:

- Quais os maiores setores poderiam ser atendidos por você nesse nicho?
- Quantas empresas haveria no total como clientes potenciais?
- Como se comportou o nicho nos últimos 12 meses?
- Qual o crescimento médio do setor nos últimos dez anos?
- Qual a receita média gerada por caso atendido ou ação movida?

Desde que Chris Anderson publicou seu livro, *A cauda longa*, já sob o efeito da fragmentação dos mercados pelo comércio digital, o potencial de demanda dos nichos nunca mais foi menosprezado, pois, segundo ele, a receita total dos produtos de nicho com baixo volume de vendas acaba sendo igual à daqueles poucos que fazem grande sucesso. Com sua proposta de valor diferenciada, com certeza, o seu objetivo não é que haja filas de clientes na sua porta; a meta é atender de forma diferenciada um volume adequado de clientes de determinado nicho, fazendo com que voltem e/ou indiquem seu nome para outros clientes potenciais.[4]

---

[4] Se você quiser se aprofundar ainda mais sobre essa questão mercadológica da identificação de nichos, recomendo também a leitura do livro *A estratégia*

5.3.2. A questão mercadológica: quem é o seu público-alvo e a(s) persona(s) que o define(m)?

O seu público-alvo é aquele grupo de pessoas, que forma o nicho em que você está focado, pois tem os mesmos interesses e compartilham os mesmos valores, necessidades e expectativas. É com esse grupo que você quer se conectar, correto? Sim, esse é seu único foco. Há, porém, a possibilidade de refinar ainda mais a compreensão do perfil de quem são as pessoas que compõem o seu público-alvo. Essas são as "*personas*".

Os seus melhores esforços de formação de reputação e vínculos de confiança devem ser dedicados àquelas personas que compõem o seu público-alvo. Entenda a persona como o perfil mais típico dos seus clientes: tomando por base dados reais – sejam estatísticos e/ou empíricos – dê um nome à persona, características comportamentais e principais necessidades. Eu, por exemplo, como mentora especializada na área jurídica, posso traçar aqui duas personas bem típicas entre meus clientes.

A primeira delas é Joana, que tem 35 anos, é advogada sênior em um escritório de advocacia de médio porte e seu objetivo é fazer uma transição de carreira para o departamento jurídico de uma grande empresa multinacional. A outra persona é Maurício, 45 anos, sócio de um escritório, cujo objetivo profissional é ampliar a sua base de clientes. Ele já identificou, porém, que falhas na gestão do tempo e no desenvolvimento de relacionamentos estão dificultando esse progresso. Dentro do grupo do meu público-alvo deve haver 1.000 Joanas e 1.000 Maurícios e boa parte das minhas ações de *marketing* e comunicação é voltada a buscar uma conexão com eles... Se apenas 5% de Joanas e Maurícios me procurarem para um processo de mentoria, eu nem teria disponibilidade de agenda para as outras personas que também integram meu público-alvo.

---

do oceano azul (Sextante, 2019, edição estendida), de Chan W. Kim e Renée Mauborgne.

Para definir as personas dentro do seu público-alvo, recomendo três ferramentas. Uma delas é o Mapa da Empatia, criado por Dave Gray, mentor da técnica do *Visual Thinking* (Pensamento Visual) e fundador da XPlane. Disponível gratuitamente na internet, esse "mapa" está associado ao conceito mercadológico de persona e ajuda a identificar quais são as características psicológicas e comportamentais das pessoas mais típicas do seu público-alvo.[5] Com base na teoria junguiana, a segunda ferramenta é o sistema de arquétipos proposto por Carol Pearson sobre o qual você também encontra bastante informação[6] e material gratuito na internet. Além de ajudar a traçar e compreender melhor as personas integrantes do seu público-alvo, os arquétipos também podem contribuir como um exercício de autoconhecimento. E, por fim, existe na internet gratuitamente *O fantástico gerador de personas*, que é exatamente o que diz o nome.[7]

5.3.3. A questão mercadológica: quais os melhores canais de comunicação para falar com seu público?

Vamos direto ao ponto: você quer ser conhecido por seu público-alvo e, principalmente, pelas pessoas que o compõem. Fora desse nicho específico que você já definiu, vai estar "falando" com as pessoas erradas. Então, todo seu esforço de comunicação tem que ter em vista esse objetivo. O que essas pessoas leem? O que ouvem? Onde estão? Que locais físicos mais frequentam? Que

---

[5] *Mapa da empatia*, disponível gratuitamente em: https://medium.com/the-xplane-collection/updated-empathy-map-canvas-46df22df3c8a. Acesso em: 29.04.2024. Em meu primeiro livro *Mentoria e coaching jurídicos* (São Paulo: Juruá, 2022), explico o passo a passo da aplicação dessa ferramenta entre as p. 77 a 79.

[6] O próprio Carlos Pearson disponibiliza e explica em seu *site* na internet o conjunto de 12 arquétipos. Disponível em: https://www.carolspearson.com/about/the-pearson-12-archetype-system-human-development-and-evolution. Acesso em: 29 abr. 2024.

[7] Disponível em: https://www.geradordepersonas.com.br/. Acesso em: 15.04.2024.

sites digitais preferem? O que mais importa aqui é deixar claro o seguinte: você tem que conhecer as personas do seu público-alvo para conseguir identificar os canais mais eficientes para fazer com que sua mensagem chegue a elas de forma coerente e consistente. Conteúdo, forma de linguagem e canal devem estar em sintonia para revelar a autenticidade da sua marca pessoal. Integrando todos os canais em uma única estratégia (*omnichannel*), sempre que você se comunicar com suas personas, a percepção delas deve ser multidimensional, ou seja, como em algumas salas de cinema em que o áudio é multicanal e melhora a sensação sonora das pessoas na plateia. Nos capítulos 6 e 7, nós vamos falar mais sobre estratégias e ferramentas de comunicação *on-line* e *off-line*.

5.3.4. A questão mercadológica: é possível desenvolver uma esteira de produtos e/ou serviços para seu público-alvo?

Assim como seu público-alvo é formado por diferentes grupos de personas, que formam seu nicho de atuação, cada uma delas representa um diferente perfil de cliente, como se fosse um subnicho. Um pouco antes nesse capítulo, eu falei dos recortes, porque faço mentoria desde o advogado júnior, que ainda não definiu a sua área de especialização, até aquele profissional, que já está planejando seu processo de sucessão no escritório de advocacia. Apesar de eu atender um nicho, formado por advogados que sentem a necessidade de um processo de mentoria, dentro desse público-alvo, existem diferentes perfis com diferentes necessidades.

Para avaliar a possibilidade de oferecer uma esteira de produtos e serviços aos clientes, portanto, antes você deve identificar todos os diferentes recortes de clientes que existem no seu público-alvo. Para isso, é preciso que você faça o mapeamento da jornada do cliente ao longo do relacionamento com seu escritório, desde o surgimento da necessidade até a contratação dos seus serviços e os desdobramentos posteriores. É com esse mapa em mente que você pode ajustar e ampliar a oferta de soluções para eles.

Vamos ver um exemplo: suponha que na área do Direito Societário você atende um nicho que inclui desde negócios nas etapas iniciais até empreendimentos já estabelecidos e consolidados. Para os empreendimentos em fase inicial, você oferece um pacote básico que cobre todas as necessidades fundamentais para a formação sólida de uma empresa. Isso inclui a elaboração e registro de contratos sociais, assessoria para o registro de marcas e patentes e consultoria na estruturação legal da empresa. Além disso, você realiza uma análise regulatória detalhada para garantir que o negócio esteja em conformidade com todas as normas do setor desde o início. À medida que a empresa cresce e as necessidades se tornam mais complexas, seus serviços se expandem para incluir a reestruturação societária, como fusões, aquisições e *joint ventures*. Esse serviço é essencial para empresas que buscam expandir suas operações de maneira estratégica e segura.

Para negócios já estabelecidos e consolidados, você pode oferecer consultoria contínua e gestão de *compliance* corporativo. Isso garante que a empresa mantenha sua conformidade regulatória e esteja preparada para qualquer mudança no cenário legal. Adicionalmente, você pode proporcionar um suporte em governança corporativa, otimizando a tomada de decisões e fortalecendo a estrutura organizacional da empresa. Essa esteira de serviços em direito societário deve ser flexível e ampliável, adaptando-se às necessidades específicas de cada cliente em diferentes estágios de desenvolvimento. Isso permite que seu cliente, como empresário, tenha a tranquilidade de saber que todos os aspectos legais do seu empreendimento estão sendo cuidadosamente gerenciados e atualizados conforme os negócios se mantêm em crescimento.

5.3.5. A questão mercadológica: qual é o perfil da concorrência no seu nicho?

Ao procurar por um nicho para atender tudo que você não quer é entrar em um nicho com excesso de concorrentes ou, ainda pior, escolher aquele cuja demanda já esteja desgastada. Lembra há alguns anos quando a indústria de alimentos colocou na moda os produtos gourmet? Foi tanta gourmetização que o apelo de *marketing* perdeu quase completamente o valor. Portanto, é preciso antes conhecer melhor também os concorrentes que você enfrentará em seu nicho preferencial. Você precisa montar uma fotografia da concorrência, buscando as respostas para as seguintes perguntas:

- Quais e quantos são os concorrentes diretos (escritórios e/ou advogados) e indiretos (outras empresas no mercado) já atuando nesse nicho?
- Qual é o grau de especialização da maioria deles? Alto, médio ou baixo?
- Qual é o seu grau de especialização para atender esse nicho? Alto, médio ou baixo?
- Quais são os pontos fortes e os pontos de melhoria dos concorrentes?
- Compare-os aos seus próprios pontos fortes e pontos de melhoria?
- Ao entrar nesse nicho, o que você deve destacar? Quais os pontos mais urgentes de aprimoramento?
- Geograficamente, os concorrentes são mais urbanos, estão em cidades do interior ou podem atuar remotamente?
- Nesse nicho, qual é a sua vantagem geográfica? Ou possibilidade de cobertura com a oferta de serviços?

Vale destacar aqui que esse monitoramento da concorrência deve ser contínuo: quando você começa a atender em um nicho, assume um posicionamento estratégico com base na sua proposta de valor diferenciada. Mas, se as circunstâncias mudam seja por parte dos clientes, do cenário externo ou dos concorrentes, você também vai ter que ajustar seu posicionamento. Os fatores que influenciam o desempenho mercadológico do nicho são dinâmicos e você não pode ficar estático – nem mesmo quando a rentabilidade dos seus serviços jurídicos estiver indo muito bem.

5.3.6. A questão mercadológica: quais são as possibilidades de remuneração no nicho?

Para a maioria dos advogados, principalmente, para os mais jovens e que estão pretendendo iniciar agora as atividades em um escritório próprio, essa questão da remuneração costuma ser mais complexa do que deveria... Infelizmente, a formação em Direito não inclui aspectos práticos como noções de contabilidade, *marketing* e precificação, já considerando o impacto e o valor dos serviços prestados ao cliente – um tema sobre o qual já falamos bastante no capítulo anterior: Alto impacto e grande valor. Além dos custos fixos e variáveis,[8] o preço dos serviços tem também que adicionar os benefícios tangíveis (redução de custos e aumento da receita, por exemplo) e os intangíveis (segurança jurídica) gerados para o cliente, que fazem parte do valor agregado por você e percebido pelo cliente. A tudo isso, some-se ainda a margem de lucro desejada, resultando na seguinte equação:

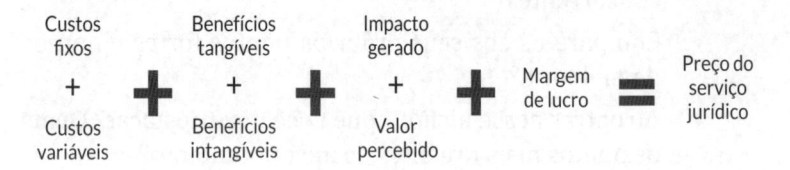

$$\begin{matrix} \text{Custos fixos} \\ + \\ \text{Custos variáveis} \end{matrix} + \begin{matrix} \text{Benefícios tangíveis} \\ + \\ \text{Benefícios intangíveis} \end{matrix} + \begin{matrix} \text{Impacto gerado} \\ + \\ \text{Valor percebido} \end{matrix} + \text{Margem de lucro} = \text{Preço do serviço jurídico}$$

Fonte: elaborada pela autora.

Em vez de se limitar a usar a tabela de referência da OAB, prefira investigar o mercado, conversar com colegas e trocar informações até mesmo com advogados de outras especialidades. Você vai verificar que há modelos diferentes de precificação, dependendo do tipo de serviço e do perfil dos clientes. Entre as opções de cobrança, estão, por exemplo, o pacote de honorários fixos, aplicado quando o trabalho tem um escopo bem definido, o que proporciona maior previsibilidade de receita para você e de custo para o cliente. Sobre o modelo por assinatura mensal já falamos na 4ª questão mercadológica. Outra opção de cobrança é estimar um valor por hora técnica de trabalho e determinar um

---

[8] Na internet, há bastante literatura gratuita e de boa qualidade referente a esses conceitos básicos de contabilidade e precificação. O *site* do Sebrae, por exemplo, dá acesso a uma biblioteca de *e-books* gratuitos, como esse disponível em: https://sebraepr.com.br/ebooks/custos-fixos-e-variaveis/. Acesso em: 30 abr. 2024.

total pelo máximo de horas, que também pode ser pago de forma recorrente mensalmente. Esse modelo, geralmente, é mais usado quando o escopo do serviço jurídico é mais variável. Existem muitas possibilidades de remuneração e, ao trocar ideias, você vai ter uma noção melhor do que o mercado está praticando em termos de preço na faixa com o seu grau de especialização e diferenciação.

Tendo em mente as respostas para essas seis questões mercadológicas, você vai começar a montar o quebra-cabeças, que é a configuração da sua proposta de valor. É bacana colocar tudo isso no papel, inclusive, escrevendo uma frase que sintetize o que você, como advogado, pretende compartilhar de valor agregado com seus clientes. A seguir, vamos falar sobre estratégia de diferenciação frente à concorrência e você vai perceber que essa é a chave para tornar a sua marca pessoal indelével na memória dos seus clientes.

5.4. Diferenciação é arma estratégica

Para conseguir gerar valor agregado e estimular a percepção da sua proposta de valor diferenciada, você entende que precisa ANTES conhecer muito bem as personas que integram seu público-alvo? Aqui, a ordem dos fatores faz bastante diferença no resultado. Para configurar a sua proposta de valor e a estratégia de diferenciação, você tem que saber "com quem está falando"... Isso, quando a maioria dos seus clientes, for pessoa física. E se a maioria for pessoa jurídica? Aí, você tem que conhecer o negócio do cliente quase tanto quanto como ele próprio.

"Mas, Olívia, eu sou advogado, não tem como ser especialista nos negócios dos meus clientes. Eu conheço e entendo da minha área de especialização e só. Já é complexo, inclusive, administrar os meus negócios, o que dirá entender a empresa do cliente."
Bom, se foi essa a resposta que você pensou em me dar, vou lhe repetir o que falo para todos os meus mentorados: "O advogado tem que abrir a cabeça e ir bem além da perspectiva do conhecimento técnico. Por mais profundo e consistente que seja, manter a visão fechada no conhecimento jurídico, limita a possibilidade

de prestar um serviço diferenciado. A sua visão não é nem NO cliente, você tem que treinar para ter a visão DO cliente".

Na verdade, isso é uma questão de treino. A gente tem que exercitar esse olhar, que é o da perspectiva do cliente. Ponha-se no lugar dele. Se você fosse o CEO ou o Diretor Jurídico daquele negócio, o que você faria? Por quê? Para ajudar meus clientes a treinarem essa mudança de visão, eu estruturei um questionário básico que pode ser aplicado a qualquer negócio. Faça esse exercício, buscando as respostas para essas 12 perguntas, sempre que quiser abrir um pouco mais a cabeça. Escolha aleatoriamente qualquer empresa como exemplo. Aqui, no caso, supus que estamos falando de um fabricante de chocolates no segmento *premium*:

Como estudar uma fábrica de chocolates *premium* da marca XYZ:

1. Estudo de mercado: a XYZ tem um posicionamento de mercado como fabricante de chocolates *premium*: portanto, é crucial compreender o mercado de chocolates *premium*, os concorrentes da XYZ nesse segmento e as preferências do consumidor.
2. História e cultura da empresa: estude a história da XYZ, seus valores, sua missão e visão. Isso ajuda a entender as motivações por trás de suas decisões e a direção estratégica da empresa.
3. Entrevistas com gestores: organize entrevistas com gestores e decisores da empresa. Essas conversas podem fornecer insights valiosos sobre os desafios e oportunidades que a empresa enfrenta.
4. Análise de litígios passados: verifique se a XYZ teve disputas legais anteriores, seja com concorrentes, fornecedores ou consumidores. Isso pode fornecer insights sobre áreas de risco para a empresa.
5. Revisão de contratos e documentos internos: isso permite entender melhor as operações da empresa, seus

compromissos e suas expectativas em relação a parceiros e fornecedores.

6. *Workshops* e treinamentos: organize *workshops* com diferentes departamentos da empresa para entender suas preocupações e desafios específicos. Isso ajuda a identificar áreas onde você pode oferecer assistência jurídica proativa.

7. Visitando as instalações: uma visita às fábricas, centros de distribuição ou lojas da XYZ pode lhe dar uma ideia clara de como a empresa opera no dia a dia.

8. Participação em reuniões estratégicas: Se o CEO permitir, procure estar presente em reuniões de planejamento ou estratégicas para entender as direções futuras da empresa e os possíveis desafios jurídicos associados.

9. Engajamento nas redes sociais e monitoramento da marca: monitore o que está sendo dito sobre a XYZ nas redes sociais. Isso pode fornecer *insights* sobre a percepção da marca, as preocupações dos consumidores e possíveis desafios de reputação.

10. Parcerias com outros departamentos: desenvolva uma relação próxima com departamentos, como: *marketing*, rh e finanças. Essas áreas podem ter desafios jurídicos específicos relacionados às suas funções.

11. Educação continuada: mantenha-se atualizado sobre as leis e regulamentações relacionadas à indústria de alimentos e chocolates em particular. Isso vai posicionar você como um especialista no setor.

12. *Feedback* regular: Após prestar serviços, obtenha *feedback* da XYZ. Isso ajudará a entender se suas soluções foram alinhadas com as necessidades da empresa e, caso seja necessário, realizar ajustes.

Essa ampliação de perspectiva profissional, é uma poderosa arma de diferenciação. Contudo, não é a única. Existem muitas outras e uma delas é a atuação com excelência. Vamos, de novo, fazer um parêntese para compreender alguns conceitos técnicos:

não confunda qualidade e excelência. Qualidade é o simples atendimento a requisitos técnicos. A excelência, por sua vez, envolve cuidados adicionais para proporcionar uma experiência única aos clientes.

Vamos dar um exemplo fácil de qualidade: um advogado que perde prazos não está atendendo sequer ao requisito mínimo de qualidade técnica. E, portanto, aquele profissional que nunca perde os prazos está apenas e tão somente atingindo o patamar mínimo de qualidade – nada mais do que isso. E, então, quem é que atua com excelência? É simples: muito além de não perder prazos, a excelência nos serviços jurídicos está, por exemplo, em manter o compromisso de dar um *status* mensal para os clientes.

Pensa comigo, se você atua no contencioso, por exemplo: podem se passar meses e mais meses sem que haja andamentos em um processo. Caso você não mantenha contato recorrente e nem utilize um *software* de gestão para que o cliente possa ter acesso a informações importantes sem ter que contatar um profissional do escritório, é provável que ele sinta a insegurança de sequer saber se o advogado dele continua vivo... Em vez de sumir no mapa e só falar com o seu cliente quando for procurado – como, infelizmente, muitos advogados ainda fazem – dê atenção à comunicação e apoio. Há diversas formas de se organizar com esse objetivo. Uma coisa eu lhe asseguro: os seus clientes vão se sentir bem cuidados por você. E isso gera confiança, o primeiro pilar da fidelização na prestação de serviços.

Também é importante na construção do vínculo de confiança que o advogado – desde a primeira reunião – consiga fazer o cliente se sentir ativamente ouvido. Sabe aquela situação em que você é o cliente e está falando e nota claramente pelo olhar que o outro – seja advogado, médico, dentista – está ali só de corpo presente e com a cabeça em outra coisa? O advogado que pretende atuar com excelência e diferenciação jamais se comporta assim diante de um de seus clientes. Ao contrário: durante toda a reunião, ele busca o olhar do cliente, ouve atentamente e faz anotações sobre aquilo que lhe está sendo contado. Hoje em dia, com o uso das videoconferências, tome cuidado para não estar navegando em outras páginas ou olhando mensagens que estão entrando em sua tela, enquanto a pessoa conversa com você... Isso é perceptível e altamente desagradável.

Outro diferencial de excelência é manter com os clientes um SLA (*Service Level Agreement*), que significa Acordo de Nível de Serviço. Inicialmente usado somente na área de Tecnologia da Informação, esse acordo foi ganhando espaço em outras áreas e pode – com muita eficiência – ser aplicado na prestação de serviços jurídicos. O objetivo é medir e gerenciar a qualidade dos serviços, estabelecendo no acordo pontos, como:

- quais serviços serão prestados;
- as responsabilidades de cada uma das partes envolvidas;
- os prazos a cumprir por cada parte;
- quais os processos serão realizados;
- quais as métricas serão acompanhadas;
- além de penalidades e multas por descumprimento.

Falando assim, pode parecer um excesso de formalismo, mas não é, não. Um processo que pode estar previsto e padronizado entre cliente e advogado é o de comunicação. Por exemplo: fica estabelecido no SLA que a comunicação é normalmente feita por e-mail ou pelo Whats. O cliente só deve telefonar para o advogado em casos de emergência, ou seja, em casos muito graves. Assim, além de evitar as constantes interrupções por telefonemas desnecessários, quando o cliente liga no seu celular, você tem certeza de que ele está passando por uma situação dificílima. Então, claro, você sabe que precisa atendê-lo imediatamente.

Eu mesma uso como SLA de respostas para os meus clientes o prazo de um turno. Assim, por exemplo, as mensagens que recebo por WhastApp, e-mail ou redes sociais tenho um turno para responder. Se recebo pela manhã, tenho até o turno da tarde. Se recebo à tarde, tenho até a noite e, se recebo à noite, tenho até o outro dia pela manhã. Como tenho inúmeras sessões todos os dias, estabeleço esse parâmetro para que todos sejam atendidos e ninguém fique sem resposta. Esse tipo de "acordo", em vez de formalismo, é um facilitador da rotina e da gestão de tempo. E, portanto, um recurso muito valioso para todos nós.

Enquanto estava escrevendo esse capítulo, falando tanto sobre especialização, valor e diferenciação, eu me lembrei o tempo todo de Maíra, uma jovem mentorada, que havia acabado de se formar e conquistar o registro profissional na OAB. Bem jovem ainda, ela estava passando por muitas dúvidas. Tinha muitas áreas de interesse e não sabia que direção seguir na sua especialização. Meio inocentemente, em nossa primeira sessão, ela me perguntou à queima-roupa: "Olívia, do que o mercado mais precisa? Em que área eu posso me especializar para ter mais mercado?" E me lembro que respondi a ela com um sorriso esperançoso: "Maíra, não importa a especialização que você escolha, o que o mercado mais precisa é de gente que gosta do que faz. E faz bem-feito porque faz com prazer". Tomara que esse capítulo, em especial, tenha ajudado você a fazer com que sua carreira enriqueça ainda mais a sua vida para torná-la mais plena e interessante. Nos capítulos 6 e 7, vamos abordar canais e ferramentas de comunicação *off-line* e *on-line*.

🎯 Sinopse legal

- Ao ouvir a palavra "TRABALHO" qual é a primeira associação que você faz? Sou capaz de apostar que você pensou em algo relacionado a dinheiro, remuneração, boletos, contas para pagar...
- Até inconscientemente, a maioria de nós associa a própria carreira apenas ao pagamento recebido para quitar as contas do mês.
- Essa perspectiva é bastante redutora e estreita, pois nossa profissão ocupa boa parte das 24 horas dos nossos 365 dias por ano. Portanto, quando se trata de carreira, definitivamente o dinheiro não é tudo.
- O trabalho nos coloca em contato diário com pessoas, possibilidades, aprendizados, novos conhecimentos, propõe desafios, ultrapassa limites... e amplia nossos horizontes e vivências.

- Nossa a carreira é o que enriquece a nossa vida para que possa ser mais plena e interessante.

- Viver todos os momentos com intensidade – inclusive, todas aquelas horas de trabalho – é o que torna nossa vida mais plena e interessante, segundo o psicanalista Contardo Calligaris.

- No processo de configuração da sua marca pessoal, recomendo o uso do Círculo Dourado (*Golden Circle*), de Simon Sinek, uma ferramenta que estimula a reflexão sobre o PORQUÊ, COMO e O QUE norteia a sua carreira.

- Percorrer as questões do Círculo Dourado é um exercício de autoconhecimento que você deve praticar com prazer. Sem pressa e sem pressão.

- O autoconhecimento é um processo contínuo e interminável.

- Não existe uma ferramenta capaz de lhe dar a garantia de que você vai usá-la e terá uma iluminação imediata, visualizando seu propósito de vida.

- Encontrar o próprio propósito requer certa paciência com a própria subjetividade e, por contraditório que pareça, precisa também de um olhar mais objetivo para lidar com as questões práticas que envolvem a sua carreira.

- Caso sinta necessidade, não hesite em procurar o apoio profissional em mentoria ou até mesmo de um processo psicoterápico. Vai dar tudo certo: sem pressa e sem pressão.

- Por mais que sua atuação como advogado esteja em sintonia com suas paixões e interesses, haverá dias – e até fases – em que você vai se sentir aborrecido e até mesmo entediado.

- Todo sentimento – até mesmo os negativos – são fonte de autoconhecimento e não devem ser ignorados. Por isso, é sempre útil "ouvi-los" para fazer ajustes na carreira ou na forma de realizar o trabalho diário.

- Neste capítulo, fazemos uma abordagem mais pragmática, acompanhando você em um passo a passo para a configuração da sua proposta de valor diferenciada.

- Na carreira de advogado, o mercado é toda a sociedade: mais cedo ou mais tarde, todo mundo precisa contar com os serviços jurídicos prestados por algum advogado.
- Dentro do mercado, estão todas as áreas de especialização do Direito, como Cível, Criminal, Ambiental, Tributário, Digital... e tantas novas outras áreas que estão surgindo com a evolução tecnológica.
- Você pode ser um advogado especializado na área do Direito Tributário, atuando no segmento do agronegócio ou no segmento automobilístico.
- Alguns segmentos jurídicos, como o agronegócio, ainda são bastante abrangentes e, dentro deles, o ideal é que você busque um nicho, que é um pedaço bem menor e delimitado do público-alvo.
- O nicho mais atraente é aquele onde o seu conhecimento técnico atual e futuro se encontra com a sua paixão e os seus interesses – desde que haja demanda suficiente e viável ali.
- Desde que Chris Anderson publicou seu livro, *A cauda longa*, já sob o efeito da fragmentação dos mercados pelo comércio digital, o potencial de demanda dos nichos nunca mais foi menosprezado.
- Segundo Anderson, a receita total dos produtos de nicho com baixo volume de vendas acaba sendo igual à daqueles poucos que fazem grande sucesso.
- O seu público-alvo é aquele grupo de pessoas, que forma o nicho em que você está interessado, pois têm os mesmos interesses e compartilham os mesmos valores, necessidades e expectativas.
- Entendendo a persona como o perfil mais típico dentro do seu público-alvo, seus esforços para construir reputação e vínculos de confiança devem ser dedicados às suas "personas".
- Vamos direto ao ponto: você quer ser conhecido por seu público-alvo e, principalmente, pelas personas que o compõem. Fora desse nicho que você já definiu, você vai estar "falando" com as pessoas erradas.

- Para avaliar a possibilidade de oferecer uma esteira de produtos e serviços aos clientes, você antes tem que identificar todos os diferentes segmentos de clientes que existem no seu público-alvo.
- É preciso mapear a jornada do cliente ao longo do relacionamento com seu escritório, desde o surgimento da necessidade até a contratação dos seus serviços e os desdobramentos posteriores.
- Tudo que você não quer é entrar em um nicho com excesso de concorrentes ou, ainda pior, escolher aquele que cuja demanda já está desgastada.
- Para evitar isso, antes é preciso conhecer melhor também os concorrentes que você enfrentará em seu nicho preferencial.
- Esse monitoramento da concorrência deve ser contínuo: os fatores que influenciam o desempenho mercadológico do nicho são dinâmicos e você não pode ficar estático em seu posicionamento.
- Para a maioria dos advogados, principalmente para os mais jovens, a questão da remuneração costuma ser mais complexa do que deveria... Infelizmente, a formação em Direito não inclui aspectos práticos como noções de contabilidade, *marketing* e precificação.
- Na equação da precificação é preciso incluir o impacto e o valor dos serviços prestados ao cliente – um tema sobre o qual já falamos bastante no capítulo anterior: Alto impacto e grande valor.
- Há modelos diferentes de precificação, dependendo do tipo de serviço e do perfil dos clientes. Entre as opções, estão o pacote de honorários fixos, aplicado quando o trabalho tem um escopo bem definido.
- Em vez de se limitar a usar a tabela de referência da OAB, prefira investigar o mercado, conversar com colegas e trocar informações até mesmo com advogados de outras especialidades.
- Para gerar valor agregado e estimular a percepção da sua proposta de valor diferenciada, você precisa ANTES conhecer muito bem as personas que integram seu público-

-alvo. Aqui, a ordem dos fatores faz bastante diferença no resultado.

- Você tem que saber "com quem está falando"... Isso, quando a maioria dos seus clientes, for pessoa física. E se a maioria for pessoa jurídica? Aí, você tem que conhecer o negócio do cliente quase tanto quanto como ele próprio.
- A sua visão não é NO cliente, você tem que treinar para ter a visão DO cliente. Temos que exercitar esse olhar. Ponha-se no lugar do cliente. Se aquele negócio fosse seu, o que você faria? Por quê?
- Essa ampliação de perspectiva profissional, é uma poderosa arma de diferenciação. Mas não é a única. Existem muitas outras e uma delas é a atuação com excelência.
- Não confunda qualidade e excelência. Qualidade é o simples atendimento a requisitos técnicos. A excelência envolve cuidados adicionais para proporcionar uma experiência única aos clientes.
- Vamos dar um exemplo fácil de qualidade: um advogado que perde prazos não está atendendo sequer ao requisito mínimo de qualidade técnica.
- Portanto, aquele profissional que nunca perde os prazos está apenas e tão somente atingindo o patamar mínimo de qualidade – nada mais do que isso.
- Muito além de não perder prazos, a excelência nos serviços jurídicos está, por exemplo, em manter o compromisso de dar um *status* mensal para os clientes.
- Também é importante na construção do vínculo de confiança que o advogado – desde a primeira reunião – consiga fazer o cliente se sentir ativamente ouvido. E tome notas do que o cliente fala.
- Outro diferencial de excelência é manter com os clientes um SLA (*Service Level Agreement*), que significa Acordo de Nível de Serviço.
- Antes usado somente na área de Tecnologia da Informação, esse acordo foi ganhando espaço em outras áreas e pode – com muita eficiência – ser aplicado na prestação de serviços jurídicos.

- Ao escrever este capítulo, me lembrei de Maíra, uma jovem mentorada, que me perguntou: "Olívia, do que o mercado mais precisa? Em que área eu posso me especializar para ter mais mercado?"
- Minha resposta foi simples e direta: "Maíra, não importa a especialização que você escolha, o que o mercado mais precisa é de gente que gosta do que faz. E faz bem-feito porque faz com prazer".

Capítulo **6**

COMUNICAR É CRIAR CONEXÕES

Agora a chave de tudo é desenvolver a sua habilidade de se comunicar. Para formar e consolidar a percepção da sua marca pessoal na mente do público-alvo, você tem que comunicar a sua proposta de valor diferenciada de modo claro, contínuo, coerente e consistente. Investindo tempo e paciência, o objetivo é construir conexões, que gerem vínculos de confiança – a base que vai assegurar o fluxo de demanda da sua prestação de serviços jurídicos. Afinal, essa é a razão para você ter iniciado essa jornada: ampliar a visibilidade e fixar positivamente na memória dos outros os diferenciais do seu trabalho como advogado. E, para atingir essa meta, você tem que se comunicar efetivamente com os outros.

Com quase 15 anos de experiência como mentora na área jurídica, conheço bem a reação mais comuns da maioria dos advogados diante dos desafios de *networking* destacados no início desse capítulo. "Ah, Olívia... isso definitivamente não é para mim! Não sei fazer *networking*. Parece tão forçado, artificial — um jogo de interesses e uma certa hipocrisia. Já tentei antes e simplesmente não funciona para mim". Como resposta a essa reação, costumo destacar que a prática do *networking* geralmente é envolta em uma complexidade que surge de nossa própria resistência à ideia de se comunicar eficientemente. Inúmeros obstáculos, como timidez excessiva, experiências prévias desagradáveis, falta de habilidade percebida ou simples falta de tempo, muitas vezes, servem de pretexto para evitar a comunicação real. Na prática, muitos preferem dizer "já entrei em contato com Fulano; mandei uma mensagem por e-mail, WhatsApp ou outro meio tecnológico", em vez de se engajar em uma comunicação face a face, direta e pessoal.

É exatamente por causa desse tipo de alegação, que fiz questão de dividir a abordagem das estratégias e técnicas de comunicação da sua marca pessoal em dois capítulos: aqui, vamos falar primeiro sobre o processo de comunicação em si, isto é, como é que a gente pode desenvolver a habilidade de se comunicar com eficiência com os outros na realidade *off-line*; e, no próximo capítulo, aí, sim, vamos tratar da comunicação *on-line*. A razão para isso é muito simples: ninguém leva para o mundo *on-line* uma habilidade de comunicação que não conseguiu desenvolver no *off-line*. Ou seja: você não conseguirá ser autêntico e efetivo nas mídias sociais, se não for capaz antes de se comunicar com as pessoas reais do mundo real. Ninguém é virtualmente aquilo que não é pessoalmente.

6.1. Fazer networking é natural

Por que quando a gente entra no mundo profissional, a comunicação com os outros tem que ser chamada de *networking*? Será que realmente existe a necessidade de transformar em técnica algo tão intrínseco e natural como a comunicação e a construção de relacionamentos? Repensar esse conceito é vital. A primeira coisa que vamos fazer – pelo menos por enquanto – é parar de chamar *networking* de *networking*. Em seguida, peço que você retroceda por um minuto até a sua infância: você guarda na memória algumas amizades que fez brincando em parquinhos ou nos intervalos das aulas na escola? Essas não eram conexões autênticas? Pode ser até que algumas dessas amizades durem até hoje, tantos anos depois. No âmbito profissional, é igual: só que os parquinhos se transformam em ambientes corporativos, seminários e encontros sociais.

Fazer conexões, construir relacionamentos e se tornar até amigo dos outros é um dos comportamentos mais espontâneos e naturais dos seres humanos. Desde a era pré-histórica, quando começamos a formar grupos para compartilhar o fogo e conviver em cavernas, a conexão com os outros tem sido uma de nossas melhores armas de sobrevivência. Tão eficiente, que foi ficando geneticamente impressa em nosso cérebro. Com o avanço das neurociências, atualmente, a gente sabe que nosso cérebro comanda esse comportamento para poupar energia e facilitar nossa sobrevivência. Até inconscientes disso, quando alguém se aproxima de nós, fazemos uma avaliação imediata: a pessoa representa uma ameaça ou uma possibilidade de apoio?

Nosso cérebro mantém ativo o registro de que é a cooperação entre os humanos que nos provê recursos para viver e sobreviver – com mais facilidade e qualidade. Então, por que no século XXI, adultos e cientes desses benefícios mútuos, deveríamos abrir mão do que os relacionamentos podem nos proporcionar? Você concorda que, olhando por essa perspectiva, o *networking* não tem nada de forçado e artificial? A técnica do *networking* não pode – e não deve – ser confundida com a necessidade natural e espontânea que temos de nos comunicar e nos relacionar com os outros. É apenas o nome técnico que demos a um de nossos comportamentos mais valiosos.

Essa visão tecnicista equivocada não pode roubar de nós o que temos de melhor: a essência, nossa capacidade de fazer verdadeiras conexões e conviver em harmonia. É momento para uma reflexão mais aprofundada. Um simples cumprimento ou aperto de mão não estabelece um vínculo significativo sem a existência de valores e ideais compartilhados. É mais vantajoso focar em cultivar relações verdadeiras e sinceras, como fazíamos na infância.

Portanto, opte por construir conexões que realmente tenham significado e estejam alinhados aos seus valores, em vez de acumular inúmeros cartões de visita sem valor. A qualidade dos seus relacionamentos é sempre mais importante do que a quantidade. Estar consciente e praticar a verdadeira arte de se relacionar é o que nos permitirá desmitificar o conceito de *networking*, fazendo com que deixe de ser uma tarefa corporativa maçante para se tornar uma extensão natural e enriquecedora da nossa própria humanidade. E não estou sozinha nessa minha convicção. Lá, em 2001, José Augusto Minarelli, um dos especialistas brasileiros nesse assunto, já escrevia em seu livro *Networking: como utilizar a rede de relacionamentos na sua vida e na sua carreira*:

> *As atitudes que demonstram diferentes graus de atenção, educação, gentileza e afeto não podem ser eventuais e nem tomadas somente como técnica de* networking. *A técnica por si só, é fria, mecânica, vazia e não consegue alimentar de verdade um relacionamento. Se você cultivar sua rede sem sentir o prazer do convívio, os relacionamentos acabarão morrendo por falta de autenticidade.*[1]

Você se sente disposto a embarcar nessa jornada de redescoberta dos relacionamentos e construção de pontes sólidas na sua advocacia? Mesmo sendo natural, bastante benéfica e até agradável, existe a possibilidade de você ainda sentir uma forte resistência interna em relação ao *networking*... Nesse caso, talvez valha a pena se perguntar: "Por que é tão difícil me conectar com outras pessoas?". Saiba que você não está sozinho e há diversos motivos que podem explicar isso. Talvez você esteja emocionalmente indisponível, sem conseguir se envolver profundamente em um nível pessoal. Ou, talvez, você esteja dando muita prioridade ao mundo digital, o que pode limitar suas interações face a face. É fácil cair nesse hábito, mas lembre-se de que as conexões mais profundas são construídas por meio de encontros reais.

Outro fator importante é a constante ocupação — muitas vezes usada como uma espécie de troféu, mas a que custo? Estar sempre ocupado demais para dedicar tempo aos outros pode nos levar ao isolamento. A autocrítica constante e a preocupação com as próprias falhas também são barreiras para se conectar. É complicado permitir que os outros se aproximem quando

---

[1] José Augusto Minarelli, educador especializado em carreira, empregabilidade, *outplacement* e *networking*, tem vários livros publicados, entre eles, *Networking: como utilizar a rede de relacionamentos na sua vida e na sua carreira* (São Paulo: Gente, 2001).

estamos sempre focados em nossas inseguranças. Não ignore também problemas psicológicos subjacentes, que podem criar barreiras significativas na formação de laços. Identifique as causas específicas das suas dificuldades e aborde-as diretamente. Se você está lutando para superar esses desafios ou não sabe por onde começar, considere buscar ajuda profissional. Negar seus sentimentos não vai levar você a lugar nenhum.

6.2. Afinidade e reciprocidade

Quando sentimos alguma dificuldade para criar conexões, tentar estabelecer contato com pessoas que não compartilham nossos interesses ou valores pode aumentar ainda mais a sensação de "falta de jeito" para o *networking*. Para evitar isso, vamos fazer um exercício lógico: partindo da premissa de que sua proposta de valor diferenciada foi configurada com base em seu propósito de vida, paixão, interesses e prática de valores, é bem improvável que as pessoas do seu público-alvo sejam muito diferentes de você. O mais provável é que haja afinidades entre vocês e é isso que deve ser buscado inicialmente para iniciar conexões.

Quais são os pontos comuns? Quais os temas de interesse? O que você tem para oferecer a elas nessa perspectiva da afinidade? O que elas têm a lhe oferecer nesse mesmo sentido? Construir relacionamentos é natural e espontâneo, mas fazer *networking* é aproveitar essa habilidade para oferecer e receber os benefícios resultantes dessas conexões. Por que deixar passar as oportunidades? É o que está fazendo Marisa, uma amiga que é advogada tributarista e tem um casal de filhos, estudando em um dos melhores colégios de São Paulo. Sempre bem-disposta, Marisa gosta muito de participar das atividades da associação de pais e mestres, apoiando a organização de eventos, como a Páscoa, Dia das Mães, festa Junina e por aí vai.

Conversando comigo informalmente, ela mencionou que entre os pais dos colegas dos seus filhos estão alguns dos maiores empresários e empresárias do país e eu quis saber – só por curiosidade: "Marisa, nessa convivência de afinidade em torno da organização dos eventos no colégio, por acaso, você já encontrou oportunidade de comentar que é advogada e tem um escritório especializado no Direito Tributário há 15 anos? Além disso, já houve a oportunidade de oferecer algum conteúdo específico para alguém, como uma orientação clara ou uma sugestão a respeito de algum tema tributário?" Eu perguntei, mas conheço bem Marisa e sabia a resposta: convivendo diariamente com alguns dos maiores empresários e empresárias do Brasil, ela está perdendo oportunidades de comunicar sua proposta de valor como advogada tributarista para pessoas de seu público-alvo com quem já tem uma afinidade inicial.

Isso acontece por resistência. Mas essa comunicação pode se expressar de modo natural, espontâneo e desinteressado. Vou dar um exemplo pessoal: outro dia, aguardando a quadra liberar para começar a aula de *beach tennis*, um jogador que estava ali ao meu lado puxou conversa. Falamos, de início, de nossa primeira afinidade que é o *beach tennis*, mas logo descobrimos outra, que é o fato de sermos os dois advogados. Quando ele me perguntou o que faço, não me limitei a dizer a ele que sou advogada: contei que há 15 anos trabalho como mentora especializada na área jurídica.

Ao ouvir em que trabalho, imediatamente, ele relatou um problema que está vivenciando em seu escritório de advocacia e, em resposta, expliquei que havia publicado um texto na minha newsletter, falando exatamente sobre aquele tema e lhe passei o link pelo WhatsApp. Passados uns dias, ele leu o post e me mandou uma mensagem: "Olívia, vamos marcar uma reunião? Gostei do seu texto e acho que podemos desenvolver um projeto juntos". Marcamos a reunião e, logo depois, começamos a trabalhar juntos. Traduzindo: conquistei um novo cliente – a princípio – por causa de nossa afinidade pelo *beach tennis*.

Mas se a afinidade é o gancho inicial das nossas conexões, a solidez do vínculo vai sendo formada pelo viés da reciprocidade, que é a cola que nos une aos outros. Quando abordamos a percepção de valor e a precificação dos serviços no Capítulo 4, nós já falamos um pouco sobre o viés da reciprocidade, lembra? Nas situações do *networking*, esse viés ocorre de maneira um pouco diferente daquela que descrevemos anteriormente. Aqui, a disposição à reciprocidade surge ainda mais natural e espontânea porque nem envolve percepção do impacto, valor e preço do serviço. É tudo gratuito.

Sempre que você compartilha gratuitamente algo com alguém – seja conhecimento, experiência ou mesmo uma orientação específica – a outra pessoa se sente grata e tem uma tendência de retribuir porque o ato de compartilhar abre as portas de uma conexão mais forte, profunda e duradoura. E o mais bacana desse viés infalível é que ele é mútuo e se retroalimenta continuamente: você compartilha com o outro; o outro lhe oferece algo assim que pode; você fica mais propenso a voltar a compartilhar; o que aumenta no outro também a disposição de repartir...

6.3. A constelação dos "Cs" da comunicação

A autenticidade é um dos pilares fundamentais para a expressão eficaz da sua marca pessoal, pois torna a comunicação muito mais assertiva e efetiva. Já dedicamos o Capítulo 2 a esse tema, onde explicamos também que a forma de expressão da autenticidade está diretamente ligada aos diferentes contextos em que circulamos em nosso dia a dia. Sua identidade, marca pessoal e proposta de valor são únicas e intransferíveis, mas seus comportamentos – felizmente – devem se manter flexíveis e adaptáveis. Ou seja: para que gastar energia com atos de rebeldia em questões que não vão abalar em nada aquilo que você é – a sua identidade?[2]

Mas a gente é também aquilo o que os outros acham sobre nós. E, sendo assim, somos também responsáveis pela percepção que as pessoas constroem a nosso respeito. E isso nos leva ao processo de comunicação da sua proposta de valor diferenciada, no qual você é o emissor das mensagens, tendo por fundamento a autenticidade e por princípio a capacidade de adaptação aos contextos das personas de seu público-alvo (receptores). Esse processo começa antes mesmo de a gente abrir a boca para falar

---

[2] Caso ainda tenha alguma dúvida em relação a isso, não deixe de reler o Capítulo 2, Autenticidade depende do contexto.

ou enviar alguma mensagem para as outras pessoas: como a visão costuma predominar sobre os demais sentidos, nossa imagem visual fala antes por nós com bastante eloquência.

Isso significa que, além de ser autêntica, a sua identidade visual tem que estar alinhada à sua proposta de valor diferenciada e, portanto, também à expectativa das pessoas do seu público-alvo presentes em determinado contexto. Para evitar o que chamamos de dissonância cognitiva,[3] é imprescindível que todos os elementos da sua imagem emitam sinais com significados complementares e em sinergia. Para especificar melhor, você deve buscar a empatia das personas que compõem o seu público-alvo. Deve vestir-se, comportar-se e até mesmo manter um tom de voz, de acordo com o contexto vivenciado por elas.

Por exemplo: se você for dar uma palestra em um seminário sobre Direito na área de *compliance*, a plateia vai ficar surpresa caso você surja no palco vestido de bermuda e chinelo; já se a palestra for sobre Direito Digital ou Desportivo, uma dose de descontração e informalidade pode ser bem aceita por todos.

Circula na internet uma frase, que diz o seguinte: "o segredo é não correr atrás das borboletas... é cuidar do jardim para que elas venham até você".[4] Ao fazer a comunicação de sua proposta de valor diferenciada vale a pena investir em ser a flor e, ao mesmo tempo, cultivar o jardim. Para se comunicar com eficiência e formar conexões de confiança, portanto, você deve cultivar o que denomino de a constelação dos "Cs", apresentada a seguir:

---

[3] Dissonância cognitiva – conceito descrito por Leon Festinger em 1957, refere-se ao conflito ou mal-estar causado em si mesmo ou nos outros, quando aquilo que a pessoa pensa e/ou sente está em desacordo com o que ela fala e/ou como se comporta.

[4] Embora a frase seja frequentemente atribuída ao poeta gaúcho Mário Quintana (1906-1994), alguns *sites* questionam essa autoria, como o Pensador, disponível em: https://www.pensador.com/frase/NTgyMTg1/. Acesso em: 11 jun. 2024.

Constelação dos "Cs" da Comunicação

Comunicação da sua marca pessoal → Constância + Coerência + Calma + Consistência + Clareza → Conexões de Confiança

Fonte: elaborada pela autora.

Vamos começar pela questão da clareza na comunicação, pois talvez seja um dos fatores mais decisivos na eficiência do processo: afinal, adianta você se comunicar com constância, coerência, consistência e calma, se o conteúdo não tiver clareza sob o ponto de vista do seu público-alvo? Você, que é o emissor, envia uma mensagem aos receptores que não são capazes de entendê-la por que a linguagem está inadequada. Qual é o resultado dessa comunicação? Nenhum. Você conversa com uma criança de 6 anos usando a mesma linguagem com que fala com um adulto de 30? Claro que não. E, para falar com criança, não é preciso falar o tatibitate infantilizado; é preciso apenas ter um pouco de empatia e procurar um ponto em comum como ponto de partida.

É exatamente igual entre adultos: você pode usar termos jurídicos mais específicos entre colegas advogados, mas, quando conversa com pessoas de fora da profissão, você consegue deixar de lado o juridiquês? Não somos apenas nós, advogados, que cometemos esse erro de ficar apegados ao jargão técnico. Vou lhe dar outro exemplo. Estou fazendo um curso básico sobre criptomoedas, um assunto pelo qual me interessei recentemente. São aulas pela internet e dois professores se revezam nos vídeos. Eduardo adora usar termos técnicos mais sofisticados e, em minha opinião, apresenta seu conteúdo como se estivesse falando sozinho e não para um grupo de 500 pessoas do outro lado da tela. Já Rafael é o oposto: apresenta antes os termos técnicos mais sofisticados ao grupo e só passa a usá-los de forma mais corriqueira depois de ter certeza de que a maioria já assimilou bem o conceito.

As aulas com Eduardo demoram a passar e saio delas, às vezes, com a sensação de que sei menos do que quando o vídeo começou. Em compensação, quando vejo, as aulas com Rafael já estão acabando e termino o vídeo sempre com a percepção de que valeu a pena ter visto a aula até o fim. Por causa dessa sua habilidade para explicar, simplificar e ensinar, já fiz matrícula em um curso mais avançado sobre criptomoedas em que o único professor é Rafael. Mas não pense que ele é unanimidade, não. Conheço outras pessoas do grupo de alunos e há quem prefira as aulas de Eduardo.

No processo de comunicação, não se iluda, é responsabilidade do emissor buscar a empatia e ser proativo na construção de conexões, mas raramente você será compreendido e bem-recebido por todos – sem exceção. É normal e faz parte do processo. Especialmente no mundo digital, essas percepções diferentes costumam abrir espaço para os *haters* se expressarem. Vamos conversar sobre a comunicação *on-line* no próximo capítulo, mas desde já eu lhe adianto minha posição a esse respeito: a luz atrai os insetos assim como o sucesso atrai os *haters* – continue a brilhar.

Além dessa blindagem emocional para ignorar os "insetos", no processo de comunicação, costumo recomendar também muita calma. Em primeiro lugar, porque comunicar-se é muito mais do que enviar mensagens: não basta falar, escrever, enviar e-mails *marketing*, pagar anúncio. É preciso desenvolver a habilidade de se relacionar e criar conexão com os outros – e isso exige também investimento de tempo e paciência. Você não vai ampliar a sua rede social de uma hora para outra, passando a frequentar todos os eventos relacionados ao seu público-alvo, distribuindo sorrisos e colecionando cartões de visita.

Construir conexões requer uma dedicação contínua e constante: você conquista uma pessoa de cada vez para a sua rede. E isso só ocorre, de verdade, quando todas as suas iniciativas de comunicação são realizadas de forma coerente e consistente, ou seja, em alinhamento com sua proposta de valor diferenciada. Agora, por favor, vá lá e releia o primeiro parágrafo desse capítulo: não estão lá resumidos todos os fatores, que integram o processo de comunicação mais efetivo e eficaz? Procure memorizar e passar a praticar essas ideias, porque no Capítulo 7 vamos aplicá-las à comunicação no mundo digital.

> **Sinopse legal**
>
> - Comunicar é criar conexões de confiança: a chave para isso é desenvolver a habilidade de se comunicar com os outros. Isto é, desenvolver nossa habilidade de fazer *networking*.
> - Excesso de timidez, más experiências anteriores, falta de talento, falta de tempo... existem muitos e diversos argumentos para evitar a comunicação com os outros, especialmente, se for face a face, ao vivo e em cores, sem a intermediação de nenhuma mídia digital.
> - Ninguém leva para o mundo *on-line* uma habilidade de comunicação que não conseguiu desenvolver no *off-line*.
> - Por que quando a gente entra no mundo profissional, a comunicação com os outros tem que ser chamada de *networking*?
> - Vou lhe pedir para retroceder à infância por um minuto: você guarda na memória algumas amizades que fez brincando em parquinhos ou nos intervalos das aulas na escola?
> - No âmbito profissional, é igual: só que os parquinhos se transformam em ambientes corporativos, seminários e encontros sociais.
> - Desde a pré-história, quando começamos a formar grupos para compartilhar o fogo e conviver em cavernas, a conexão com os outros tem sido uma de nossas melhores armas de sobrevivência.
> - Com o avanço das neurociências, a gente entendeu que nosso cérebro comanda esse comportamento para poupar energia e facilitar nossa sobrevivência.
> - Até inconscientes disso, temos em nós o registro de que é a cooperação entre os humanos que nos provê recursos para viver e sobreviver – com mais facilidade e qualidade.

- Adultos e cientes desses benefícios mútuos, por que deveríamos abrir mão do que os relacionamentos podem nos proporcionar?
- A qualidade dos relacionamentos é sempre mais importante do que a quantidade.
- Praticar a arte de se relacionar é o que nos permitirá desmitificar o conceito de *networking*, fazendo com que deixe de ser uma tarefa corporativa maçante.
- Mesmo sendo natural, bastante benéfica e até agradável, existe a possibilidade de você ainda sentir uma forte resistência interna em relação ao *networking*...
- Alguma vez, já se perguntou: "Por que é tão difícil me conectar com outras pessoas?" Saiba que você não está sozinho e há diversos motivos que podem explicar isso.
- Se você está lutando para superar esses desafios ou não sabe por onde começar, considere buscar ajuda profissional.
- As afinidades são o ponto de partida para buscar construir conexões mais sólidas e duradouras.
- Construir relacionamentos é natural e espontâneo, mas fazer *networking* é aproveitar essa habilidade para receber os benefícios dessas conexões. Por que deixar passar as oportunidades?
- Se a afinidade é o gancho inicial das nossas conexões, a solidez do vínculo vai sendo formada pelo viés da reciprocidade, que é a cola que nos une aos outros.
- No *networking*, a disposição à reciprocidade surge ainda mais natural e espontânea porque nem envolve percepção do impacto, valor e preço do serviço prestado. É tudo gratuito.
- A autenticidade é um dos pilares fundamentais para a expressão eficaz da sua marca pessoal, pois torna a comunicação muito mais assertiva e efetiva.
- No processo de comunicação da sua proposta de valor diferenciada, você é o emissor das mensagens, tendo por fundamento a autenticidade e por princípio a capacidade de adaptação aos contextos das personas de seu público-alvo (receptores).

- O processo de comunicação para ser eficiente precisa do que chamo de constelação de "Cs": clareza, calma, coerência, consistência e constância.
- O emissor (você) envia a mensagem e, se a linguagem estiver inadequada, os receptores não serão capazes de entendê-la. Qual é o resultado dessa comunicação? Nenhum.
- Memorize e pratique a constelação de "Cs" da comunicação, porque, no Capítulo 7, vamos aplicá-las ao mundo digital.

Capítulo 7

SUA MARCA PESSOAL *ON-LINE*

Quando sou convidada a dar palestras para advogados sobre o tema "Marca Pessoal *On-line*", a pergunta que costumo ouvir com mais frequência, é: "Eu TENHO MESMO que ter presença *on-line*? Isso é obrigatório para o meu sucesso na carreira de advogado?" Procuro ser simples e direta na resposta, mas sempre respeitando o protagonismo de cada pessoa em relação ao seu próprio desenvolvimento profissional: "Não, na gestão da sua carreira, você não é obrigado a nada. Você NÃO TEM QUE estar *on-line*, a decisão é sua". E concluo devolvendo uma pergunta: "Em um mundo em que as pessoas estão com os olhos cada vez mais grudados em telas de celular, deixando de ver inclusive os enormes *outdoors* de propaganda, como imagina que seu público-alvo possa saber que você existe e tem uma proposta de valor diferenciada em uma determinada área do Direito?"

Em geral, vem o silêncio como resposta. A pessoa me dá um meio sorriso e me olha com jeito de quem entendeu o seguinte: a presença nas mídias sociais não é compulsória para ninguém, mas, para o advogado que está buscando alavancar sua visibilidade e credibilidade profissionais, a comunicação *on-line* pode ser uma ferramenta muito útil e efetiva. "Ah, Maria Olívia... não me diga que publicar dancinha ou ficar postando sobre a minha vida nas mídias sociais vai ser fator de atração de novos clientes. O que vai pesar na hora da contratação é a competência jurídica." Então, por favor, me deixa completar a frase anterior: ...a presença *on-line* pode ser uma ferramenta muito útil e efetiva DESDE QUE utilizada com os devidos critérios – estratégicos e técnicos.

E assim, adicionamos mais um fator à Constelação de "Cs" da Comunicação, que apresentei a você no capítulo anterior: o "c" de Critérios.

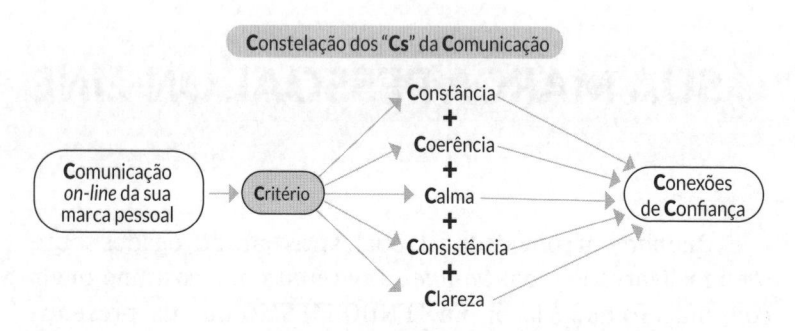

Constelação dos "Cs" da Comunicação

Comunicação *on-line* da sua marca pessoal → Critério → Constância + Coerência + Calma + Consistência + Clareza → Conexões de Confiança

Fonte: elaborada pela autora.

7.1. Comunicação: critérios técnicos e estratégicos

Em relação aos **critérios técnicos,** já conversamos bastante no capítulo anterior e vamos voltar a eles no final desse aqui, mas nosso foco principal agora são os **critérios estratégicos** para otimizar a sua presença *on-line*. Em uma sociedade cada vez mais apegada aos seus *smartphones*, falhar em aproveitar as plataformas digitais pode significar a perda de grandes oportunidades. O ambiente digital oferece um palco sem paralelo para projetar sua voz e se conectar com colegas e potenciais clientes, construindo uma reputação que transcende os limites da prática jurídica tradicional.

Não há dúvida que, quando uma pessoa precisa e procura por um advogado, o que ela objetiva prioritariamente é a confiança em sua competência técnica. Para isso, primeiro, aciona sua rede de relações em busca de uma indicação: quer que alguém confiável, que já passou por problema semelhante, indique o nome de um advogado com quem possa iniciar uma conversa, já partindo de um patamar mínimo de certeza de sua competência jurídica naquele assunto. Mas nem sempre isso é possível ou viável. Ou seja, nem sempre existe uma pessoa confiável para indicar um advogado confiável em determinada área. E aí?

Bom, nesse caso, a pessoa vai acabar recorrendo aos mecanismos de busca da internet para fazer uma avaliação prévia do conteúdo *on-line* e selecionar um ou dois advogados para iniciar uma conversa. E isso se refere à internet como um todo e à sua marca pessoal como um todo: não banque o Frankstein[1], expondo marcas diferentes com perfis diferentes em mídias sociais diferentes. Isso é um enorme tiro no pé, porque atualmente até os *sites* de entretenimento, como o TikTok, têm servido como mecanismos de busca.[2] Nunca se esqueça do alinhamento imprescindível entre seu propósito e valores e a comunicação da sua marca pessoal, o que nos leva aos critérios estratégicos da coerência e da consistência.

Portanto, avalie bem: se um potencial cliente procurar e encontrar seu nome na internet hoje, como você acha que essa pessoa avaliará seu conteúdo *on-line*? Em meio à multidão de advogados nas mídias digitais, você considera que seria um dos selecionados para esse primeiro contato na sua área de especialização? Não se trata apenas da qualidade do conteúdo, mas de fazer sua presença ser percebida em um mercado lotado e barulhento, onde a atenção é a moeda mais valiosa. Não são somente o seu nível de habilidade e a profundidade da sua expertise que importam. Se as pessoas não estiverem cientes da sua existência,

---

[1] Quando falo em Frankstein aqui, estou me referindo àquelas pessoas que optam por construir uma "marca de personagem": elas tentam se adaptar ao que se espera delas em vez de valorizar e potencializar suas próprias capacidades e potencialidades. Esse conceito foi bem detalhado nos capítulos 2 e 3.

[2] De acordo com pesquisa da YPulse, atualmente, 54% das pessoas com idade entre 18 e 24 anos iniciam suas pesquisas na internet pelas mídias sociais e não, pelos mecanismos de buscas, como por exemplo, o Google. As mídias sociais, segundo o instituto de pesquisa, estão se tornando "rodovias de informação". Disponível em: https://www.cnnbrasil.com.br/economia/negocios/geracao-z-troca-google-por-buscas-no-tiktok-diz-estudo/. Acesso em: 3 jul. 2024.

as oportunidades para novos clientes, parcerias e crescimento profissional serão severamente limitadas.

Tenho uma cliente que, ao entrar em contato comigo pela primeira vez, me enviou a seguinte mensagem pelo *inbox* do LinkedIn: "Olá Maria Olívia, tudo bem? Eu sempre dizia que gostaria de fazer mentoria com uma pessoa que fosse especializada no mundo jurídico, porque só um advogado – melhor do que ninguém – pode conhecer as especificidades da nossa carreira. Eu falava isso, mas achava que era impossível, porque acreditava que não existia um processo de mentoria assim tão especializado para advogados. Até que, navegando no LinkedIn, encontrei você. Passei a seguir seu perfil e suas postagens me convenceram que você é a pessoa certa para ser minha mentora. Vamos marcar uma reunião?". É bem fácil perceber que foi minha presença digital – forma e conteúdo – que me apresentou a ela com bastante confiabilidade. Foi o que me abriu as portas para essa nova cliente. É esse tipo de oportunidade que você não pode ignorar e abrir mão em seu processo de desenvolvimento de carreira.

Uma presença *on-line* forte pode transcender barreiras geográficas e físicas, ampliando sua voz e expertise para um público-alvo específico e exponencialmente mais amplo. É mais do que apenas exibir seu conhecimento. É sobre se tornar uma autoridade visível e acessível na sua área. A paisagem jurídica está repleta de vozes, todas competindo por um momento sob os holofotes. Nesse cenário superpopuloso, onde a qualidade é uma expectativa básica, o que é necessário para se destacar?

O caminho para o reconhecimento e a influência na era digital exige mais do que os indicadores tradicionais de expertise. Exige um entendimento matizado das plataformas digitais, uma abordagem estratégica para a criação de conteúdo e um compromisso inabalável com a construção de uma marca pessoal, que ressoe tanto no seu ambiente de trabalho quanto com o mercado. Fazer a transição de publicar artigos jurídicos acadêmicos para *posts* envolventes e perspicazes em plataformas digitais pode servir como uma ferramenta poderosa no seu arsenal de *marketing*. Essa mudança estratégica requer um deslocamento crítico na forma como a visibilidade profissional é cultivada e mantida. De fato, a jornada é complexa, mas para aqueles dispostos a aceitar o desafio, o mundo digital oferece oportunidades sem precedentes para amplificar sua voz e acelerar a trajetória da sua carreira.

7.2. Terceirizar a comunicação on-line resolve tudo?

É muito interessante o processo de escrever um livro... Conforme vou colocando minhas experiências e ideias no papel, parece realmente que estou conversando e ouvindo as respostas dos meus mentorados. Diante da constatação de que a presença *on-line* é muito valiosa, mas a jornada requer visão estratégica e investimento de tempo, um pequeno coro de vozes se reúne e se apressa em apresentar "a" solução mágica: "Então, basta contratar uma agência de *marketing* digital e o processo de comunicação da marca pessoal estará endereçado, correto?" Não é bem assim, não.

O time de especialistas de uma agência domina os **critérios técnicos** para a publicação de conteúdos, como linguagem clara e objetiva, dimensão do texto, uso e edição de imagens, frequência de publicação e métricas de performance nas mídias digitais. Mas... Em relação aos **critérios estratégicos**, que estão acima e são muito mais cruciais do que os critérios técnicos, a responsabilidade continuará sendo total e exclusivamente sua. Em primeiro lugar, na área jurídica, existe uma série de diretrizes da Ordem dos Advogados do Brasil (OAB) para definir o que os advogados podem – e o que não podem – fazer em termos de publicidade e propaganda.[3]

Em relação às mídias sociais, a orientação geral é a seguinte: "É permitida a presença do advogado ou do escritório nas redes sociais, desde que seu conteúdo respeite as normas do Código de Ética e Disciplina e Provimento 205/2021. Atenção: não é per-

---

[3] No Capítulo 8, vamos conversar especificamente sobre essas diretrizes da OAB referentes à publicidade e propaganda para advogados e escritórios de advocacia.

mitida a ostentação vinculada à profissão".[4-5] Não esqueça que o time da agência é especializado em *marketing* digital em termos gerais e não, especificamente, para a área jurídica: portanto, é você que deve orientá-los **previamente** sobre o que é possível fazer em termos de divulgação da sua marca pessoal.

É sua responsabilidade também passar para o time da agência um conjunto de informações prévias – chamado de *briefing* – que precisa incluir tudo que é estratégico para a sua marca pessoal, porque o trabalho de comunicação deverá ser integralmente customizado a essas suas especificações. Assim, partindo de uma visão abrangente e chegando à mais específica, em seu *briefing* estratégico você não pode deixar de explicar à equipe de profissionais de *marketing* digital os seguintes fatores – sobre os quais já conversamos bastante nos capítulos anteriores:

- Especificidades do mercado jurídico no Brasil – **visão abrangente**
- Perfil da concorrência no mercado e na sua área específica
- A configuração de sua marca pessoal: propósito, valores, autenticidade – **visão específica:**
  - sua proposta de valor como advogado;
  - as ferramentas de diferenciação que utiliza;
  - dimensão do impacto e valor dos seus serviços jurídicos;
  - as características do seu público-alvo e das personas mais típicas do seu nicho de atuação, inclusive, com

---

[4] OAB NACIONAL. *Marketing Jurídico: como fazer publicidade em obediência ao Estatuto da OAB*, disponível em: https://www.oab.org.br/noticia/61196/marketing-juridico-como-fazer-publicidade-em-obediencia-ao-estatuto-da-oab#:~:text=%2D%20%C3%89%20permitida%20a%20presen%C3%A7a%20do,Disciplina%20e%20Provimento%20205%2F2021. Acesso em: 20 jun. 2024.

[5] Recentemente o Comitê Regulador do Marketing Jurídico do CFOAB lançou uma cartilha que oferece esclarecimentos sobre publicidade para advogados. Disponível em: https://www.oab.org.br/noticia/62451/cartilha-oferece-esclarecimentos-e-diretrizes-eticas-sobre-publicidade-para-advogados?argumentoPesquisa=publicidade. Acesso em: 04 nov. 2024.

perfil socioeconômico: como falamos no Capítulo 3, comunicação de marca pessoal e proposta de valor diferenciada tem que ser feita para o público-alvo certo;
- o processo mais habitual com que um *prospect* acaba por se tornar seu cliente;
- objetivos quantitativos, ou seja, qual dimensão de visibilidade você necessita para alavancar o fluxo de negócios? Interessa, por exemplo, atingir uma meta de 200 ou de dois milhões de seguidores?

A definição estratégica dos objetivos quantitativos é relevante pelo seguinte: você tem que avaliar a relação custo/benefício da conversão de cada *prospect* em cliente. A marca de 1.000 seguidores é pouco ou é muito? Depende. De que adianta você investir tempo e dinheiro para a agência trabalhar buscando a meta de dois milhões, se 1000 forem suficientes para incrementar a visibilidade e a credibilidade da sua marca pessoal nas mídias sociais, isto é, a conversão de *prospects* em clientes? Seja no universo *off-line* ou *on-line*, em vez de visar quantidade, o melhor alvo é sempre a qualidade das conexões e dos relacionamentos com vínculo de confiança. Lembre-se sempre do seguinte: uma pessoa tem o poder de mudar a sua vida para sempre. Para alavancar sua carreira de advogado, você não precisa – necessariamente – de um ou dois milhões de pessoas.

Além disso, é fundamental manter em mente que notoriedade não é autoridade. Vale dizer que o número de seguidores não é algo desprezível. É claro isso gera resultado, mas o conteúdo precisa estar alinhado com o que se quer passar, caso contrário, o resultado pode ser completamente diferente do que se espera. Ou seja, com o *awareness* da sua marca pessoal e mais gente conhecendo você, quais são os resultados concretos pretendidos?

Com o processo todo de divulgação da sua marca pessoal e proposta de valor diferenciada, seu objetivo é construir em seu público-alvo a percepção da sua autoridade na área jurídica em que você é especialista. Esse é o fator de alavancagem da sua carreira – seja para mudar de emprego, conseguir novas oportunidades na carreira ou aumentar o fluxo de clientes da sua banca. Quais são os canais de comunicação na internet que lhe interessam e quais são as metas quantitativas relevantes nas mídias sociais? O foco deve estar em quantidade de visualizações, de seguidores ou naquilo que apoiará nas mídias sociais a construção da sua autoridade como advogado?

Vou dar um exemplo de experiência própria: eu já havia publicado artigos nos principais canais *on-line* do meio jurídico, como Migalhas, Conjur e Jota. Essa exposição – bem certeira no meu nicho de atuação – teve a força de fazer com que alguns advogados me procurassem para conhecer melhor meus serviços em mentoria. Por essa razão, contratei um serviço de assessoria de imprensa, que me fez um ótimo trabalho, conseguindo me incluir em reportagens em veículos como Você/SA, portal UOL e TV Cultura. No entanto, a partir dessa exposição ampliada, nenhum cliente potencial me procurou. Ou seja, para métricas de vaidade, o trabalho foi excelente, mas eu não buscava apenas visibilidade; meu objetivo era o fechamento de novos negócios.

Outro exemplo de dissonância entre objetivo estratégico de divulgação de marca pessoal e conteúdos publicados nas mídias sociais pelo time da agência de *marketing* digital ocorreu com uma cliente, que é advogada no Mato Grosso do Sul e se especializou em Direito Sistêmico, uma área focada no endereçamento e conciliação jurídica de conflitos familiares. Existe uma polêmica regional e bem específica por lá entre as áreas do Direito Sistêmico e de Constelação Familiar, uma prática considerada terapêutica, mas que não conta com o apoio do Conselho Federal de Psicologia.[6] A sugestão do time da agência que ela contratou foi publicar um artigo com o título: *"Direito Sistêmico não é constelação familiar"*.

---

[6] Conselho Federal de Psicologia – Em nota técnica, Sistema Conselhos destaca incompatibilidades no uso da constelação familiar como prática da Psicologia. Disponível em: https://site.cfp.org.br/em-nota-tecnica--sistema-conselhos-destaca-incompatibilidades-no-uso-da-constelacao--familiar-como-pratica-da-psicologia/. Acesso em: 10 jun. 2024.

Com isso, ela iria alimentar a polêmica regional e alavancar sua audiência nas mídias sociais? Até pode ser que sim. Mas polemizar na internet atende ao objetivo estratégico de divulgá-la como advogada especialista em Direito Sistêmico? Um profissional do Direito Sistêmico atua – por princípio – em favor das atitudes conciliadoras. O que uma postura polemista tem a ver com um advogado conciliador? Nada. E ela, refletindo melhor, resolveu mudar o título do artigo para: "*Quais as diferenças entre Direito Sistêmico e Constelação Familiar?*". A questão estratégica aqui não é deixar de se posicionar, mas conseguir abordar a questão sem polemizar, sendo muito mais aderente com o que a sua marca quer passar.

7.3. Navegando sozinho nas mídias sociais

Por todas essas razões descritas acima, minha sugestão – pelo menos, em um primeiro momento – é que você opte por assumir a liderança do processo de comunicação *on-line* de sua marca pessoal. A contratação de uma agência de *marketing* digital envolve um investimento financeiro que pode ficar para uma segunda fase, quando seu desenvolvimento de carreira já estiver mais consolidado e quando seus critérios estratégicos já se mostrarem bem-sucedidos na prática. Fazendo a escolha de navegar sozinho nas mídias sociais, considero importante a gente conversar antes sobre alguns outros conceitos e práticas. Um deles é a semelhança – ou melhor, a diferença – entre as redes sociais e as mídias sociais, que, desde o início do século XXI, também já evoluíram bastante.

Desde sempre, nós vivemos – e já nascemos – inseridos em uma rede social. As redes existem a partir do momento em que os humanos começaram a se organizar em sociedade: o bebê nasce e já está socialmente conectado aos pais, aos avós paternos e maternos, aos outros parentes mais próximos e mais distantes e também aos amigos e vizinhos de todos os integrantes da família. É toda uma rede de conexões e intercâmbios, que favorece a sobrevivência do grupo e, em especial, do indivíduo. Com o uso da tecnologia, o que ocorre é que nossas redes sociais são transpostas para o meio digital com resultados exponencializados:

[...] hoje parece que acreditamos que as redes sociais são realmente um fenômeno trazido pela explosão da internet no final da década de 1990. [...] não confunda as redes sociais com a tecnologia das redes sociais; as redes sociais são resultado de um comportamento humano preexistente, que foi transportado pela tecnologia para a web, possibilitando a interação entre as pessoas em alta velocidade e baixo custo.[7]

A partir dessa migração das redes sociais para o meio digital, as mídias estão em transformação contínua. Lá nos tempos do Orkut (lembra?), a gente fazia parte de comunidades com interesses em comum, por mais bizarros que os temas pudessem parecer aos outros. Depois, além das comunidades e grupos na internet, passamos a seguir e a ser seguidos por outras pessoas. Mais recentemente, os algoritmos passaram a possibilitar a visualização por temas mais abrangentes, envolvendo, inclusive, as postagens de pessoas que não estão diretamente conectadas a nós.

Isto é: quando você acessa mensagens digitais sobre, por exemplo, Direito da Diversidade, o mais provável é que os algoritmos – que jamais mentem sobre nós – passem a lhe trazer conteúdo relacionado a esse tema. Isso vale para você e vale para todos os milhões de pessoas que estão nas mídias sociais, o que significa que você pode estar cada vez mais próximo daquelas interessadas no tema jurídico da sua proposta de valor diferenciada. Em outras palavras, cada vez que você posta uma mensagem sobre o seu tema de especialização jurídica e cada vez que alguém busca por esse mesmo tema nas mídias sociais, os algoritmos aproximam um pouco mais vocês dois. Mais cedo ou mais tarde, vocês vão se "visualizar" nas mídias sociais e desse contato inicial pode, sim, surgir uma conexão de confiança: não foi exatamente isso que ocorreu com aquela advogada que me descobriu e me seguiu no LinkedIn e depois me contatou e acabou se tornando minha cliente, como já contei um pouco antes?

---

[7] ANDRADE, R. F. *Conexões empreendedoras – Entenda por que você precisa usar as redes sociais para se destacar no mercado e alcançar resultados.* São Paulo: Gente, 2010.

7.4. Engajamento e conexões de confiança

Ao embarcar na criação de conteúdo digital, muita gente dá o salto sem um entendimento completo dos princípios essenciais que estão por trás dessa tarefa. Quando você decide fazer a sua própria comunicação *on-line*, a primeira questão é: como promover o engajamento e construir conexões de confiança com as pessoas do seu público-alvo? Seguindo as práticas e aplicando as ferramentas já apresentadas nos capítulos anteriores, você percorreu uma longa jornada de autoconhecimento e de configuração da sua proposta de valor e marca pessoal. Não vai agora se expor nas mídias sociais sem ANTES refletir estrategicamente, vai?

Eu faço esse alerta porque dez entre dez dos meus clientes primeiro se expõem e depois avaliam se as mensagens postadas estavam alinhadas com seus objetivos estratégicos de desenvolvimento de carreira. Isso não é cair sem querer em uma armadilha; é entrar deliberadamente nela – e reclamar depois da falta de resultados. Portanto, todos os fatores daquele *briefing* estratégico, que seria imprescindível você transmitir para a equipe de uma agência de *marketing* digital, também são o que vai nortear a sua exposição nas mídias sociais. Todos os elementos da sua presença *on-line* – sem exceção – têm que ser coerentes e consistentes com sua proposta de valor e a sua marca pessoal. Coerência e consistência integram a constelação da comunicação assertiva e são fundamentais para obter engajamento e cultivar conexões de confiança: se você ainda tem alguma dúvida em relação a isso, releia o Capítulo 6, onde apresentamos detalhadamente a Constelação dos "Cs" da comunicação.

7.5. Práticas de comunicação assertiva

Superada essa etapa das premissas estratégicas, a gente começa a entrar nos critérios técnicos para aumentar a eficiência da sua comunicação *on-line*. E eu já lhe faço mais uma pergunta: para começar a construir um relacionamento de confiança, o foco é você ou a outra pessoa? O foco TEM QUE ser o outro. Lembra que, no Capítulo 2, falamos bastante sobre comunicação assertiva? É responsabilidade do emissor (você) adequar forma e conteúdo para ser compreendido e promover o engajamento do receptor (o outro), que faz parte do seu público-alvo. Se é assim, então, você não fala e nem escreve do jeito que acha melhor: você tem que falar e/ou escrever do jeito que fica melhor para o outro entender. Para promover o engajamento, suas mensagens devem ter forma e conteúdo interessantes para as personas do seu público-alvo.

Clareza, autenticidade e reciprocidade: Comunicação é poder. E na advocacia, isso é lei. Navegamos por mares turbulentos que exigem clareza, firmeza e uma pitada de diplomacia. É comum observar nas mídias sociais, porém, os advogados publicando textos no mais puro juridiquês, sem se questionar antes se "o outro" vai entender aquilo. De que adianta ter presença *on-line* se a sua mensagem não tem clareza suficiente para ser compreendida? Muitas vezes, o uso do juridiquês é causado pelo que chamo de "a maldição do conhecimento". O advogado conhece tanto e tão profundamente sobre determinada área, que passa a considerar que tudo parece óbvio, fácil e simples demais para todo mundo. Não é assim, não.

O público-alvo é formado por seus clientes potenciais – que na sua imensa maioria, são leigos no assunto – e não por outros advogados especializados na mesma área que você e que, por isso, podem entender aquela linguagem técnica mais complexa e sofisticada. Ao usar o juridiquês, o advogado dificilmente vai acertar na mosca do seu público-alvo – e isso é desperdício de tempo e energia. Você investe seu tempo e sua energia para buscar engajamento, não para gerar distanciamento. O juridiquês afasta justamente os leigos, que são as pessoas que você objetiva atrair para ser visto como autoridade naquele tema jurídico.

Se você objetiva que os outros se engajem mais e se relacionem com você, é essencial que você também se comporte assim. Seu engajamento com os outros vai gerar uma recíproca natural. Não adianta só publicar conteúdos referentes aos seus sucessos profissionais, conquista de prêmios, promoções e participações em grandes eventos nacionais e internacionais. A autopromoção excessiva, que transforma as mídias sociais em um altar de enaltecimento da própria pessoa, além de muito maçante, acaba por afastar os outros em vez de engajar. Imagine só como deve ser conviver com alguém tão vaidoso? Esse tipo de mensagem de enaltecimento de si mesmo deve ser – no máximo – eventual. Você tem que estar presente *on-line* para promover também o sucesso dos outros e, às vezes, compartilhar suas dúvidas, dificuldades e receios profissionais... Você é gente como a gente – também nas mídias sociais. Seja fiel a seu propósito e autêntico com seus valores.

Calma, assertividade e ponderação: Assertividade não é ser agressivo. É a arte de expressar fatos e necessidades de forma clara e respeitosa, buscando criar pontes e não muros. Mas como ser assertivo sem parecer rude ou autoritário? Esse é um jogo de equilíbrio absolutamente essencial. Para evitar conflitos, é simples: separe fatos de opiniões. Primeiro, apresente fatos verificáveis. Depois, introduza suas opiniões baseadas neles. Isso cria uma base sólida para a discussão e torna mais difícil para o outro desconsiderar seus argumentos. Ser assertivo não é uma opção, é uma necessidade. Na advocacia, é a diferença entre ser ouvido ou ser ignorado, entre liderar ou apenas seguir.[8]

De um modo geral, no mundo jurídico, a escolha das palavras é outro fator importante, mas quando se trata de comunicação *on-line*, essa prática se torna crucial. A precisão e a escolha cuidadosa das palavras podem transformar uma mensagem comum em algo extraordinário e impactante. As palavras certas têm o poder de esclarecer, ponderar, persuadir e inspirar. As erradas? Podem confundir, incitar o conflito, alienar e até destruir. Ser assertivo é escolher suas palavras com a precisão de um cirurgião. Sua mensagem deve ser clara e impactante, como um relâmpago cortando o céu, como dizia Mark

---

[8] Tenho publicado com frequência nas mídias sociais dicas técnicas sobre comunicação da marca pessoal. Leia, por exemplo, o artigo *Produzindo conteúdo sem ver resultados na sua advocacia? Leia isto!*, que postei no LinkedIn em 2 de abril de 2024. Disponível em: https://www.linkedin.com/pulse/produzindo-conte%C3%BAdo-sem-ver-resultados-na-sua--leia-isto-machado-4e95f/. Acesso em: 10 jul. 2024.

Twain:[9] "A diferença entre a palavra certa e a quase certa é a diferença entre o relâmpago e o vagalume".

Aprenda a ler o ambiente, a escolher suas palavras como um artesão e a ouvir até o que não foi dito. A clareza na comunicação e o respeito nas interações não são apenas habilidades, são armas poderosas. Invista para desenvolver essas habilidades. Isso não só garantirá que você se afirme, mas também que inspire e lidere com autoridade e empatia. E lembre-se, o verdadeiro poder na advocacia está em comunicar com precisão e humanidade.

Constância, transparência e interação: as plataformas digitais estão repletas de perfis inativos, *sites* e *blogs* abandonados, que começaram contando com todo o entusiasmo de seus autores e foram sendo esquecidos devido à falta de persistência e compreensão do comprometimento de longo prazo necessários para a construção das conexões de confiança. Em relação à presença *on-line*, costumo comparar a necessidade de constância com a prática de exercícios físicos ou da reeducação alimentar. Ninguém consegue manter a forma física e se alimentar de forma saudável se não for constante em seu compromisso pessoal com esses objetivos. É exatamente igual à visibilidade da sua marca pessoal *on-line*.

Por isso, quando for começar, faça um cronograma e assuma o compromisso de cumpri-lo. Seja semanal, quinzenal ou mensal... suas postagens periódicas são sagradas. Sempre me perguntam se é preciso postar todos os dias. Não, não é preciso. Mas é crucial manter o ritmo, a constância. É que alguns algoritmos reduzem a "distribuição" das postagens quando alguém só publica "dez vez em quando". Não tem jeito: é uma via de mão dupla. As mídias sociais querem prender a atenção das pessoas e você é o canal para isso. Se você ajudar a mídia social a manter as pessoas navegando, então, o algoritmo lhe entrega mais; mas, se você não fizer a sua parte, as mídias sociais também não vão ajudar você.

---

[9] Mark Twain (1835-1910), escritor e humorista norte-americano. Disponível em: https://www.goodreads.com/quotes/4957-the-difference-between--the-almost-right-word-and-the-right. Acesso em: 26 jun. 2024.

Outro ponto importante é não postar conteúdo só por postar e para cumprir a agenda. O seu conteúdo deve sempre ser reflexo da sua marca pessoal e da sua proposta de valor. Cada vez que você transmite uma mensagem "mais ou menos" pode estar certo de que o seu público-alvo vai perceber você da mesma maneira. Isso é falta de coerência e consistência: não entre nessa para não se arrepender. Além disso, a transparência também é bastante relevante.

Tem sempre algum mentorado que me pergunta sobre a possibilidade de manter um perfil somente empresarial ou ainda dois perfis – um aberto e outro fechado. Na verdade, essa pessoa quer ter presença *on-line* sem se expor de verdade, ficando atrás da sua marca corporativa. Ou ainda mais difícil: tendo um perfil fechado e "real", onde ela expõe sua marca e prática de valores apenas para quem já é seu amigo; e outro perfil aberto ao público no qual só publica aquilo que acredita que os outros querem ouvir para concordar. Além de um atentado contra a autenticidade, esse tipo de atitude é uma enorme ilusão: "publicar secretamente" na internet, além de contraditório, é impossível. Quem estiver disposto a achar a informação, sabe como ou vai aprender como fazer.

E, por fim, não deixe ninguém falando sozinho nas mídias sociais. A interação é muito enriquecedora. Algumas pessoas parecem ter receio de fazer comentários e interagir nas publicações dos outros. É claro que é bacana comentar, por que não? Desde que o comentário reflita uma ponderação construtiva e não uma atitude destemperada. Parece que tem gente que se sente meio que "protegido" pelas telas. Comentam e/ou publicam coisas nas mídias sociais que jamais diriam ou fariam na vida *off-line,* no cara a cara com as outras pessoas. Mas as telas não escondem nada. Ao contrário, elas revelam e ampliam muito as atitudes dos *haters*, os comentários preconceituosos e as mensagens imaturas.

Lembra daquele soco que o ator Will Smith deu em Chris Rock na cerimônia de entrega do Oscar de 2022? Escrevi um *post* sobre o episódio, que acabou sendo bastante comentado, mas um deles me chamou muito a atenção. A pessoa deu uma exibição pública de destemperança, dizendo que Will Smith fez muito bem: "Se fosse eu, tinha batido muito mais na cara do Chris Rock. Ele mereceu." Para que publicar isso? Conclusão: comentar e interagir nas mídias sociais é muito positivo; pois incentiva a reciprocidade e gera mais conexão e engajamento. Mas, se ficar na dúvida sobre a pertinência – ou a impertinência – do conteúdo... fique quieto. Mais sábio é quem sabe a hora de calar do que quem sabe a hora de falar.

Há, sem dúvida, muito mais práticas e técnicas da comunicação *on-line*, que podem ser úteis para você conhecer e aplicar no processo de divulgação da sua marca pessoal. Nossa proposta nesse livro, porém, dá foco mais na sua estratégia do que nas táticas a adotar. Para ampliar seu conhecimento sobre a parte técnica, existem muitos guias e manuais, inclusive, gratuitos na internet. A central de pesquisa do Google, por exemplo, disponibiliza até um Guia de Otimização de Mecanismos de Pesquisa (SEO) para Iniciantes.[10] Portanto, é só uma questão de você assumir com firmeza o seu protagonismo e compromisso com a sua comunicação *on-line* e dar os primeiros passos. Para encerrar esse capítulo, quero deixar com você só mais um ponto, daqueles que valem para nossa vida *on-line* e *off-line*: invista tempo e energia para desenvolver seus relacionamentos todos os dias, especialmente quanto tudo está correndo bem. Não deixe para buscar suas conexões de confiança sob a pressão das necessidades.

🎯 Sinopse legal

- Você NÃO É OBRIGADO a ter uma forte presença *on-line* para ter uma carreira bem-sucedida na advocacia. Mas em um mundo em que todos estão com os olhos grudados no celular, como o seu público-alvo vai saber que você existe?
- Para o advogado que está buscando alavancar a carreira, a comunicação *on-line* pode ser uma ferramenta muito útil

---

[10] Guia disponível em: https://developers.google.com/search/docs/fundamentals/seo-starter-guide?hl=pt-br. Acesso em: 26 jun. 2024.

e efetiva – DESDE QUE utilizada com os devidos critérios estratégicos e técnicos.

- O ambiente digital oferece um palco sem paralelo para projetar sua voz e se conectar com colegas e potenciais clientes, construindo uma reputação que transcende os limites da prática jurídica tradicional.

- Não se trata apenas da qualidade do seu conteúdo *on-line*, mas de fazer sua presença ser percebida com autoridade em um mercado lotado e barulhento, onde a atenção é a moeda mais valiosa.

- Uma presença *on-line* forte pode transcender barreiras geográficas e físicas, ampliando sua voz e expertise para um público-alvo específico mais amplo. É mais do que apenas exibir seu conhecimento. É sobre se tornar uma autoridade visível e acessível na sua área.

- Fazer a transição de publicar artigos jurídicos acadêmicos para posts envolventes e perspicazes em plataformas digitais pode servir como uma ferramenta poderosa no seu arsenal de *marketing*.

- De fato, a jornada é complexa, mas para aqueles dispostos a aceitar o desafio, o mundo digital oferece oportunidades sem precedentes para amplificar sua voz e acelerar a trajetória da sua carreira.

- Em relação aos critérios estratégicos da comunicação da sua marca pessoal, você não pode terceirizar nada: a responsabilidade continuará sendo total e exclusivamente sua.

- Seu briefing deve incluir tudo que é estratégico para a sua marca pessoal, porque o trabalho de comunicação deverá ser integralmente customizado a essas suas especificações.

- Partindo de uma visão abrangente e chegando à mais específica, o briefing estratégico inclui desde uma visão sobre as especificidades do mercado jurídico até os detalhes da configuração de sua marca pessoal: propósito, valores, autenticidade...

- Defina também os objetivos quantitativos: para a melhor relação custo/benefício na conversão de cada prospect em cliente, sua meta será atingir 200 ou 2 milhões de seguidores?

- Você pode optar por assumir a liderança do processo da sua comunicação *on-line*. Contratar uma agência de *marketing* digital envolve investimento financeiro e pode ficar para uma segunda fase.
- Quando você decide fazer a sua própria comunicação *on--line*, a primeira questão é: como promover o engajamento e construir conexões de confiança com as pessoas do seu público-alvo?
- Para alavancar sua carreira na advocacia, você percorreu uma longa jornada de autoconhecimento e configurou a sua proposta de valor e marca pessoal. Não vai agora se expor nas mídias sociais sem ANTES refletir estrategicamente, vai?
- Ao embarcar na criação do próprio conteúdo digital, muita gente dá o salto sem um entendimento completo dos princípios essenciais que estão por trás dessa tarefa.
- Dez entre dez dos meus clientes primeiro se expõem e depois avaliam se as mensagens postadas estavam alinhadas com seus objetivos estratégicos de desenvolvimento de carreira.
- Coerência e consistência são a base da construção das conexões de confiança: se você ainda tem dúvida sobre isso, releia o Capítulo 6, onde falamos sobre a Constelação dos "Cs" da comunicação.
- O foco da comunicação assertiva são as outras pessoas e não você. É responsabilidade do emissor (você) adequar forma e conteúdo para ser compreendido e promover o engajamento do receptor (o outro), que faz parte do seu público-alvo.
- Para promover o engajamento, suas mensagens devem ter forma e conteúdo interessantes para as personas do seu público-alvo.
- Evite escrever e/ou falar usando o juridiquês. Lembre-se: de que adianta ter presença *on-line* se a sua mensagem não tem clareza suficiente para ser compreendida?
- Se você objetiva que os outros se engajem mais e se relacionem com você, é essencial que você também se comporte

assim. Seu engajamento com os outros vai gerar uma recíproca natural.
- Ao se comunicar, primeiro, apresente fatos verificáveis. Depois, introduza suas opiniões baseadas neles. Isso cria uma base sólida para o diálogo e tende a evitar conflitos.
- A escolha das palavras é outro fator importante, mas quando se trata de comunicação *on-line*, essa prática se torna crucial. A precisão e a escolha cuidadosa das palavras podem transformar uma mensagem comum em algo extraordinário e impactante.
- Aprenda a ler o ambiente, a escolher suas palavras como um artesão e a ouvir até o que não foi dito. A clareza na comunicação e o respeito nas interações não são apenas habilidades, são armas poderosas.
- Quando iniciar sua comunicação *on-line*, faça um cronograma e assuma o compromisso de cumpri-lo. Seja semanal, quinzenal ou mensal... suas postagens periódicas são sagradas.
- Outro ponto importante é não postar conteúdo só por postar e para cumprir a agenda. Cada vez que envia uma mensagem "mais ou menos", seu público-alvo vai perceber você da mesma maneira.
- Não deixe ninguém falando sozinho nas mídias sociais. A interação é muito enriquecedora. É bacana postar comentários, por que não? Desde que o comentário reflita uma ponderação construtiva.
- Há muitas práticas e técnicas de comunicação *on-line* divulgadas gratuitamente na internet. É só uma questão de você assumir com firmeza o seu protagonismo e dar os primeiros passos.
- Um último ponto válido para nossa vida *on-line* e *off-line*: invista tempo e energia para desenvolver seus relacionamentos todos os dias. Não deixe para buscar suas conexões sob a pressão das necessidades.

Capítulo 8

GERENCIAMENTO DE RISCOS REPUTACIONAIS

Lembra o que falei sobre comunicação de marca pessoal? Ninguém leva para o mundo digital aquilo que não é na vida real. Portanto, tudo o que vamos conversar aqui sobre gerenciamento de riscos reputacionais se aplica tanto à comunicação *off-line* quanto à *on-line*. Em linhas gerais, as premissas da comunicação assertiva são válidas para esses dois mundos entre os quais existe, sendo bastante realista, apenas uma grande diferença: na boa e velha realidade presencial, os efeitos – principalmente, os negativos – espalham-se no boca a boca em progressão aritmética; enquanto na comunicação *on-line* uma eventual crise multiplica-se em progressão geométrica (exponencial). Ou seja, o que antes não passava de uma gafe cometida diante de um pequeno grupo de conhecidos, hoje nas mídias sociais pode se transformar em um cataclisma reputacional.

Portanto, vamos começar falando de algumas premissas comportamentais, que asseguram um processo mais efetivo de comunicação. Uma delas é a prática de valores de forma coerente e consistente. Pode parecer bem óbvio o fato de que, nas mídias sociais, você deve sempre adotar uma atitude em linha com seus valores éticos, manifestando-se com respeito, transparência, responsabilidade e integridade. Mas tenho visto profissionais éticos e muito bem-intencionados tropeçarem em sutilezas que podem macular suas reputações. Ou, pelo menos, expor contradições que não contribuem em nada para a percepção positiva de sua marca pessoal.

8.1. Coerência nos mínimos detalhes

Quer ver um exemplo que pode até parecer bobagem? Com esforço e dedicação, o advogado avança na carreira e logo decide comprar aquele carro dos sonhos: bancos de couro, teto solar, painel e volante estilosos... e ele acha que o melhor lugar para gravar um vídeo sobre sua especialidade jurídica é dirigindo o seu belo carro novo. Por quê? Porque está satisfeito com suas conquistas e quer ostentar para o mundo – principalmente para os colegas – o seu sucesso profissional. Pode ser que esse impulso de ostentação demonstre somente uma certa imaturidade. Todos nós temos nossa criança interior que pode nos levar a pequenos deslizes: atire a primeira pedra, quem nunca...

Mas o principal ponto aqui não é esse. Embora a maioria dos brasileiros ainda não tenha se conscientizado disso, é extremamente inseguro dirigir e usar o celular – mesmo com fones de ouvido. Segundo dados divulgados pela Abramet (Associação Brasileira de Medicina do Tráfego), o uso de celular ao volante é responsável em média por 57% dos acidentes de trânsito ocorridos com pessoas de 20 a 39 anos.[1] Por isso, o Código Brasileiro de Trânsito proíbe terminantemente o uso de celular ao dirigir – seja para conversar ou enviar mensagens de texto, o que é considerado uma infração gravíssima.

Gravar um vídeo dirigindo o carro, pode parecer um pequeno deslize, porque a maioria das pessoas ignora essa lei no Brasil, mas um advogado... Essa atitude, com certeza, está em desacordo com os objetivos estratégicos da comunicação da

---

[1] Celular é a principal causa de acidentes de trânsito com pessoas de 20 a 39 anos, reportagem publicada no site Jusbrasil. Disponível em: https://www.jusbrasil.com.br/noticias/celular-e-a-principal-causa-de-acidentes-de-transito-com-pessoas-de-20-a-39-anos/1259053323#:~:text=Se%20o%20condutor%20for%20flagrado,de%20R%24%20293%2C47. Acesso em: 10 jul. 2024.

sua marca pessoal. Qual é a percepção de imagem que se tem de um advogado que se expõe nas mídias sociais descumprindo deliberadamente uma proibição legal? A resposta é fácil: ele não parece se comportar de acordo com aquilo que postula em sua carreira jurídica. O advogado que descumpre a lei – qualquer que seja ela – não é confiável. Pior é o agravante do motivo fútil, que é o de ostentar sucesso e riqueza nas mídias sociais.

Esse tipo de incoerência e inconsistência na prática de valores gera dissonância na percepção da sua imagem pelo público-alvo. E tem efeito negativo cumulativo sobre a construção da sua marca pessoal na advocacia. Por essa razão, antes de promover qualquer ação de divulgação, eu recomendo que você faça uma consulta atenta e criteriosa ao regramento do *marketing* jurídico, que define que o caráter da comunicação deve ser meramente informativo e proíbe a captação de clientes, como você poderá verificar em alguns exemplos que daremos a seguir.

> **O regramento do *marketing* jurídico é dado por três normas, que estão acessíveis na internet; basta consultá-las antes:**
>
> **Lei Federal n. 8.906, de 04.07.1994** – Dispõe sobre o Estatuto da Advocacia e a Ordem dos Advogados do Brasil;
>
> **Resolução n. 2 do Conselho Federal da OAB**, de 19.10.2015 – Código de Ética e Disciplina da OAB; e
>
> **Provimento CFOAB n. 205/2021** – Dispõe sobre a publicidade e a informação da advocacia.

Fazendo uma consulta ao Código Brasileiro de Trânsito, você verá que dirigir e usar o celular é infração grave e, além disso, a "ostentação" de bens relativos ao exercício da profissão fere o Provimento 205/2021, que determina em seu art. 6º:

> ***Art. 6º*** *Fica vedada, na publicidade ativa, qualquer informação relativa às dimensões, qualidades ou estrutura física do escritório, assim como a menção à promessa de resultados ou a utilização de casos concretos para oferta de atuação profissional.*
>
> ***Parágrafo único.*** *Fica vedada em qualquer publicidade a ostentação de bens relativos ao exercício ou não da profissão,*

> *como uso de veículos, viagens, hospedagens e bens de consumo, bem como a menção à promessa de resultados ou a utilização de casos concretos para oferta de atuação profissional.*

Vou lhe fazer, então, outras perguntas: o que você pensa a respeito de um advogado que posta fotos na balada, bebendo todas, louco e zoando com os amigos nos finais de semana? Não há nada ilegal nisso e já está todo mundo fora do horário formal de trabalho... Na sua opinião, essa é uma atitude producente ou contraproducente para a marca pessoal e a reputação de um advogado? A resposta está no art. 7º do Provimento 205/2021, que refuta todo e qualquer comportamento que possa abalar a reputação da categoria profissional como um todo:

> **Art. 7º** *Considerando que é indispensável a preservação do prestígio da advocacia, as normas estabelecidas neste provimento também se aplicam à divulgação de conteúdos que, apesar de não se relacionarem com o exercício da advocacia, possam atingir a reputação da classe à qual o profissional pertence.*

E o que dizer de comentários políticos, religiosos, racistas, machistas e/ou homofóbicos? Bom, aqui a coisa fica ainda mais complicada: a Lei n. 14.532, publicada em janeiro de 2023, equipara a injúria racial ao crime de racismo. E alguns meses depois, em agosto do mesmo ano, o Supremo Tribunal Federal determinou que atos de homofobia e transfobia sejam enquadrados como crime de injúria racial. Ou seja, a pessoa que pratica atos de racismo e/ou homo ou transfobia não têm direito à fiança e nem limite de tempo para responder judicialmente.

Concluindo o raciocínio aqui, vou lhe dar uma única sugestão: sempre que sentir necessidade de se perguntar se algo seria visto, ou não, como bacana para sua imagem... tome a decisão de não fazer a postagem. Adote o princípio da prudência: na dúvida, não poste. O único jeito de evitar efeitos negativos cumulativos é estar muito atento para manter a coerência até nos mínimos detalhes – sempre e em tudo, mas especialmente nas mídias sociais.

8.2. Ser acessível e compreendido por todos

Há advogados que só conseguem se comunicar dentro da bolha jurídica. Seja pela síndrome do excesso de conhecimento ou por uma certa dose de arrogância, estão sempre falando ou escrevendo em juridiquês. Recentemente, vi uma postagem sobre as relações entre proprietário de imóvel e inquilino, que começava assim: "Segundo entendimento sumulado do STJ, o inadimplemento do locatário enseja..." e por aí deve ter ido, não sei, porque parei de ler na hora. Para que falar e/ou escrever assim e só ser entendido por advogados? Esse hermetismo afasta os outros e pode estar revelando também um ego vaidoso.

Ao fazer comunicação *on-line* da sua marca pessoal, você quer "falar" com seu público-alvo, que é formado por clientes potenciais que são leigos – na sua grandessíssima maioria. Além da expertise técnica, o que os clientes buscam ao se relacionar com seu advogado? Clareza, transparência, compreensão, senso de parceria... isto é: confiança. Para isso, a linguagem usada na comunicação tem que aproximar as pessoas. A primeira frase daquele artigo poderia ser, por exemplo: "Sabe o problema com o seu imóvel do qual você não consegue despejar o inquilino que deixou de pagar o aluguel?". Esse esforço de "tradução" é vital para a percepção positiva de sua marca pessoal.

"Olha Olívia, eu realmente não tenho essa facilidade de me comunicar e também me falta tempo para escrever e reescrever os textos até que tudo fique compreensível e acessível a todos. Não é melhor contratar um redator profissional para escrever e atualizar as minhas mídias sociais?" Sim, isso é possível. No capítulo anterior, já falamos sobre a possibilidade de terceirização da comunicação da sua marca pessoal. Pessoalmente e por experiência própria, eu não recomendo: mas você pode terceirizar o trabalho de redação – desde que mantenha integralmente a sua responsabilidade pela prática de valores e a estratégia da comunicação da sua marca pessoal.

O redator terceirizado vai escrever aquilo que você transmitir para ele. Isso quer dizer que você é quem precisa estar disposto a "traduzir" e se aproximar de seu público-alvo. Caso contrário, seus textos vão seguir sendo daquele tipo hermético: "Cuida a presente postagem dos aspectos gerais relativos à súmula vinculante, expondo as nuances do procedimento...". E ser pomposo, com certeza, não promove as conexões interpessoais. Portanto, como ponto de partida do gerenciamento de riscos reputacionais na comunicação *on-line*, temos exatamente os mesmos valores e premissas que devemos colocar em prática na vida real:

> **Integridade:** manter altos padrões éticos em todas as comunicações e interações. O ideal é manter o seguinte patamar: 100% de suas postagens podem ser vistas por 100% das pessoas – sem uma única exceção.
>
> **Transparência:** ser honesto e transparente sobre qualificações, experiência e capacidades.
>
> **Acessibilidade:** usar linguagem objetiva, simples e direta, buscando "traduzir" conceitos complexos com simplicidade para que todos possam ter acesso ao conhecimento que você domina.
>
> **Responsabilidade:** assumir a responsabilidade por erros e trabalhar para corrigi-los prontamente.
>
> **Respeito:** Tratar todas as partes com respeito e consideração, independentemente de suas opiniões.
>
> **Confiança:** Construir e manter a confiança por meio de ações consistentes e éticas.

8.3. Lidando com haters ou pessoas tóxicas

Mesmo mantendo uma postura irrepreensível nas mídias sociais, ninguém está imune aos comentários de algumas pessoas, que podem soar como impertinentes ou até mesmo raivosos. A gente sabe que as interações pessoais são muito importantes no processo de comunicação, pois favorecem o engajamento e fortalecem os vínculos de confiança e respeito. Então, o que fazer nessas situações dos comentários mais tóxicos? Responder ou ignorar? Não existe uma resposta única. Às vezes, quando a pessoa lhe parecer mais interessada em agredir do que em interagir, pode ser mais sábio calar e ignorá-la.

Por outro lado, alguns comentários aparentemente impertinentes podem possibilitar que você poste uma resposta, reforçando a ideia central do seu conteúdo anterior. Para transformar esse limão em limonada, adote duas outras premissas comportamentais nas mídias sociais: mantenha a calma e use o poder da empatia. Vou dar um exemplo ocorrido comigo. Uma vez, postei o vídeo de um gato observando e passando a pata em um passarinho: o bichano se mostrava tão entusiasmado que chegou a lamber os beiços.[2] Essa imagem era para ilustrar um artigo que escrevi sobre percepção e comunicação no ambiente de trabalho no qual afirmei:

> *O pássaro, percebendo os sinais do gato, precisa decidir rapidamente como reagir para garantir sua segurança. No trabalho, nossa capacidade de ler a situação e reagir adequadamente pode determinar nosso sucesso. Preparação para diferentes cenários e respostas precisas são cruciais. Entender as intenções por trás das ações dos colegas, chefes e clientes é essencial.*

E uma pessoa compreendeu equivocadamente a mensagem. Segundo ela, infelizmente, na vida profissional é assim mesmo: "Temos que ficar sempre na defensiva". Para mim, o comentário pareceu descabido, porque a pessoa demonstrou não haver compreendido o meu conteúdo. Respondi na *timeline* citando a pessoa nominalmente e reforçando a abordagem do tema da seguinte maneira:

> *@Fulano, entendi a sua brincadeira, mas acho que vale esclarecer para quem realmente pense assim: a intenção do post não é sugerir que devemos sempre ficar na defensiva. Adotar essa postura pode, inclusive, prejudicar muito a comunicação*

---

[2] Publiquei esse artigo sobre a postura observacional no dia a dia de trabalho na carreira jurídica no LinkedIn em 05.07.2024. Disponível em: https://www.linkedin.com/posts/mariaoliviamachado_carreira-advocacia-observa-aexaeto-activity-7214967225332469762-lbVR/?utm_source=share&utm_medium=member_desktop. Acesso em: 12 jul. 2024.

e até levar a uma profecia autorrealizável, onde nossas expectativas de conflito acabam gerando conflitos reais. O ponto central é sobre percepção e comunicação eficazes. Trata-se de estarmos atentos aos sinais e intenções dos outros para poder reagir de forma adequada, promovendo um ambiente de trabalho mais colaborativo e harmonioso. Compreender as intenções alheias nos ajuda a construir relações mais fortes e evitar mal-entendidos.

Há, portanto, comentários que podem e devem ser respondidos, inclusive, aproveitando a oportunidade da resposta para alimentar a interação com seu público-alvo e a abordagem do seu conteúdo. Mas é claro que existem também as pessoas realmente tóxicas e os *haters*. Pode ocorrer de alguém postar conteúdos muito mais do que equivocados ou impertinentes. E aí, sim, é o caso de você tomar uma atitude para se preservar, evitando riscos reputacionais. Se fizerem postagens mais agressivas, além de ignorar e manter o silêncio, você tem a opção de bloquear a pessoa.

Por que não? Eu bloqueio imediatamente e sem nenhum remorso qualquer pessoa que se mostrar realmente agressiva nos comentários em relação a mim. Assim como na vida real, no mundo *on-line* é a gente quem deve escolher com quem se relaciona. Se o perfil de alguém agressivo não combina com você, bloqueie a pessoa. E mais um detalhe: registre, documente e arquive essas interações. É pouco provável – mas não impossível – que futuramente você tenha que mover uma ação legal contra essa pessoa. Em resumo, são quatro as premissas para lidar com *haters* e/ou pessoas tóxicas nas mídias sociais:

Manter a calma: Responder de forma calma e profissional, evitando entrar em debates acalorados.

Responder com empatia: Mostrar empatia e compreensão, respondendo de forma construtiva.

Ignorar ou bloquear: Em casos extremos, ignorar ou bloquear usuários persistentes e tóxicos.

Documentar interações: Manter registros de interações negativas para futuras referências e, se necessário, ações legais.

8.4. Armadilhas *on-line* para sua marca pessoal

Qual é o grau de exposição ideal para um advogado nas mídias sociais? Em tudo na vida, a gente deve buscar o ponto de equilíbrio. Essa é outra daquelas questões de bom senso válidas *off-line* e *on-line*. A frequência e a constância das postagens de conteúdo promovem o engajamento e vão ampliando organicamente o seu público-alvo de seguidores. Ser reconhecido como uma voz relevante na sua especialidade jurídica, por exemplo, só pode lhe trazer benefícios. É uma forma de reconhecimento da sua autoridade no assunto, o que vai adicionar alguns tijolos na construção e consolidação da sua reputação profissional. Esse é exatamente um de seus objetivos estratégicos ao assumir a frente do processo de comunicação da sua marca pessoal.

Mas a gente não pode esquecer que o ponto de equilíbrio está, justamente, entre posturas extremas, que podem se tornar armadilhas *on-line* para os advogados. Uma delas é o excesso de exposição. A efetividade do processo de comunicação pode servir de alimento a um ego mais propenso à vaidade da popularidade, abrindo brechas de vulnerabilidade reputacional. Uma delas são as interpretações equivocadas em relação à autenticidade e às intenções da pessoa que se expõe em excesso, levando a uma percepção pública negativa. Não esqueça: seu objetivo não é se tornar uma celebridade; seu objetivo é formar autoridade e ser reconhecido como expert no tema jurídico da sua especialização. Tudo que você não precisa é que a busca por popularidade acabe ofuscando suas competências profissionais.

Além disso, há outras armadilhas que podem surgir em decorrência do desejo crescente de conquistar cada vez mais visibilidade nas mídias sociais. Uma delas é o engajamento em discussões sobre temas polêmicos e controversos: aquele antigo ditado "falem mal, mas falem de mim" não é nada producente para a carreira dos advogados. Especialmente, se o debate público envolver o compartilhamento – consciente, ou não – de informações confidenciais e/ou comentários que, eventualmente, possam estar em desacordo com outras ações movidas pela banca onde o advogado trabalha. Aqui, de novo, o mesmo art. 6º do Provimento 205/2021 em seu *caput* diz que:

> *Fica vedada, na publicidade ativa, qualquer informação relativa às dimensões, qualidades ou estrutura física do escritório, assim como a menção à promessa de resultados ou a utilização de casos concretos para oferta de atuação profissional.*

Portanto, o mau gerenciamento das contas nas mídias sociais e a busca cega por popularidade podem causar prejuízos, como:

> **Percepção pública negativa:** A exposição excessiva pode levar a interpretações errôneas sobre a autenticidade e intenções do advogado.
>
> **Confidencialidade:** A partilha inadvertida de informações confidenciais pode comprometer a privacidade e segurança dos clientes.
>
> **Dependência excessiva de redes sociais:** Contas hackeadas ou mal gerenciadas podem prejudicar seriamente a reputação.
>
> **Associação com controvérsias:** Posicionamentos em temas polêmicos podem atrair críticas e afetar negativamente a imagem.
>
> **Diluição da identidade profissional:** A busca por popularidade pode levar à desvalorização das competências jurídicas em favor de conteúdos menos relevantes.
>
> **Risco legal:** Comentários públicos podem ser usados contra o advogado em litígios futuros.

8.5. Fatores para mitigar riscos reputacionais

O primeiro e principal fator mitigador de riscos reputacionais é contar com um plano estratégico robusto, que abranja desde a configuração da sua marca (*branding*) até o suporte às ações de *marketing* pessoal e à formação da sua reputação profissional como advogado. Esse foco permanente no que foi planejado para o desenvolvimento da sua carreira é, de fato, o fio condutor que não permite que ocorram desvios – pelo menos, não muito graves – em sua trajetória, mitigando os riscos reputacionais.

Quando você mantém o autoconhecimento em evolução e a proposta de valor segue atualizada ao seu momento de vida, é menos provável que ocorram desalinhamentos nas ações de comunicação *on-line* e *off-line*. Você terá, bem claro e consciente, o seu POR QUÊ, O QUÊ e o PARA QUEM. Lá nos Capítulos 3 e 4, fizemos uma ilustração que agora reapresentamos a seguir incrementada e completa com a inclusão do "fio condutor":

+	Planejamento estratégico	Excecução técnica e tática	Objetivos estratégicos
−	Riscos reputacionais		

| Marca pessoal: sua configuração, baseada no autoconhecimento, é exclusiva e intransferível. | Proposta de valor: potencializa o impacto gerado por sua marca pessoal no público-alvo. | Marketing pessoal *on-line* e *off-line*: ações de divulgação de sua marca pessoal de forma coerente e consistente ao longo do tempo. | Reputação profissional: a percepção e consolidação de sua marca pessoal na mente das outras pessoas. |

Fonte: elaborada pela autora.

Além do plano estratégico, é fundamental que você estabeleça diretrizes – por escrito – para fazer o gerenciamento de sua exposição nas mídias sociais. Sim, são as regras a seguir, que vão desde a frequência das postagens até os temas que devem ser evitados no conteúdo e a confidencialidade de informações sensíveis. Mesmo que você se mantenha sozinho à frente do processo *on-line* de comunicação de marca, existem alguns procedimentos e rotinas que são valiosos no gerenciamento de riscos.

Um deles, por exemplo, é o controle de qualidade de conteúdo: antes de publicar qualquer texto, é imprescindível que você faça a revisão de forma e conteúdo – de cabeça fria e com calma. Se possível, o melhor é escrever e só revisar no dia seguinte ANTES de publicar. Hoje, já existem diversas ferramentas de inteligência artificial que podem ajudar você a fazer isso. Esse fator é crucial para evitar mal-entendidos e erros, especialmente se você decidiu terceirizar a redação dos seus textos. Lembra o que já falei antes: mesmo terceirizando, a responsabilidade da estratégia de comunicação da sua marca pessoal continua a ser integralmente sua. Afinal, o que está em jogo é **a sua** reputação profissional.

Mesmo adotando criteriosamente todas as melhores práticas de gerenciamento de riscos *on-line*, ninguém está isento da possibilidade de ter contas hackeadas e/ou de acabar enfrentando algum tipo de crise reputacional. Desde os tempos em que a realidade era somente analógica, existem premissas muito úteis e sensatas para a gestão de crises com melhores resultados. Um deles, eu publiquei nas mídias sociais em um artigo sobre o tema: "Foque no que você pode controlar – suas ações e respostas. Controle o que está ao seu alcance".[3]

Esse artigo foi ilustrado com o vídeo de um casal de crianças, dançando juntas em uma festa escolar. De repente, o garoto para de dançar e começa a chorar. Em vez de entrar em pânico e ficar paralisada sem saber o que fazer, a menina simplesmente segue fazendo sua parte da coreografia com toda calma. Com cinco ou seis anos de idade, ela nos oferece uma boa lição para a gestão de crises: "A menina nos mostra que é crucial manter a calma e seguir em frente, garantindo a continuidade das operações. Ela não pode controlar o menino, mas controla suas próprias reações". Portanto, o primeiro passo para sobreviver a uma crise é: mantenha a calma e aja. O segundo: "Direcione toda a sua atenção para uma única ação que você pode tomar a seguir". E assim por diante... de ação em ação, a crise vai sendo superada. Agora, o melhor mesmo é conseguir mitigar os riscos de uma crise reputacional fazendo o gerenciamento contínuo dos seguintes fatores:

Planejamento estratégico: Desenvolver um plano de *branding* pessoal alinhado com os valores e objetivos profissionais.

Controle de qualidade de conteúdo: Revisar e aprovar todo o conteúdo antes da publicação para evitar mal-entendidos e erros.

---

[3] No início de julho de 2024, publiquei esse artigo que está disponível em: https://www.linkedin.com/posts/mariaoliviamachado_gestaetodecrises--lideranaexa-resiliaeancia-activity-7214635288755597313-8nRe/?utm_source=share&utm_medium=member_desktop. Acesso em: 24 jul. 2024.

Gestão de privacidade: Manter a confidencialidade de informações sensíveis e evitar discussões de casos específicos.

Monitoramento contínuo: Utilizar ferramentas de monitoramento de redes sociais para identificar e responder rapidamente a críticas e *feedbacks* negativos.

Política de redes sociais: Estabelecer diretrizes claras sobre o uso de redes sociais, incluindo temas que devem ser evitados.

Resposta rápida a crises: Ter um plano de resposta a crises bem definido e agir rapidamente para mitigar danos à reputação.

8.6. Suporte de ferramentas tecnológicas

Felizmente, existem também ferramentas digitais que se somam à nossa inteligência humana para auxiliar na mitigação de riscos reputacionais. Junto com a relevância cada vez maior da comunicação nas mídias sociais, esses instrumentos também evoluem com muita rapidez – e boa parte delas é gratuita, oferecidas pelas próprias plataformas das redes. Então, a gente tem que estar sempre antenado para otimizar o processo de comunicação, conseguindo mitigar riscos sem precisar investir pequenas fortunas.

Para isso, a ação mais básica e vital é fazer um filtro constante da reação à publicação de seus conteúdos. Primeiro, para interagir com as pessoas e promover o engajamento e as conexões de confiança. Segundo, para você mesmo fazer um filtro e começar a "conhecer" um pouco mais quem são seus seguidores que comentam com mais assiduidade. Além desse monitoramento pessoal, você deve também se assegurar de manter habilitadas todas as ferramentas para a automação de filtros de comentários, como por exemplo, aquelas que fazem a seleção por palavras-chave.

Tirando as ferramentas das próprias plataformas, também existem aquelas gratuitas e/ou pagas aplicadas para acompanhar o resultado da performance das suas páginas ou comparar o desempenho das suas diante da concorrência, além de dar suporte até nas notificações das mensagens enviadas no modo privado. Não adianta muito eu fazer aqui para você uma lista das ferramentas que utilizo atualmente, porque muito depressa estaria desatualizada. Para aprender sobre essas ferramentas digitais, o melhor é você pesquisar por conta própria na internet. Ou, se sentir necessidade, recorrer às plataformas de e-learning para se manter sempre atualizado e contar com o suporte de recursos, como:

> **Filtrar comentários:** Utilizar ferramentas de moderação para filtrar comentários tóxicos e evitar que eles se espalhem.
>
> **Monitoramento contínuo:** Utilizar *softwares* que monitoram menções e *feedbacks* nas redes sociais.
>
> **Automação de respostas:** Implementar respostas automáticas para lidar com comentários frequentes de forma eficiente.
>
> **IA para análise de sentimento:** Usar inteligência artificial para analisar o sentimento das menções e identificar problemas potenciais rapidamente.
>
> **Gerenciamento de reputação *on-line*:** Investir em ferramentas de gerenciamento de reputação para manter uma imagem positiva *on-line*.
>
> **Plataformas de treinamento:** Utilizar plataformas de e-learning para treinar e capacitar a equipe em gestão de crises e boas práticas de comunicação.

Além do crescimento orgânico da sua rede, você pode impulsionar sua audiência, patrocinando alguns de seus conteúdos, que serão distribuídos nas mídias sociais a um público mais amplo. Patrocinar postagens permite que seu conteúdo alcance um público mais amplo, pagando uma pequena quantia conforme novos cliques e visualizações ocorrem. Quando o orçamento se esgota, a promoção também termina.

No entanto, antes de investir em patrocínios, é crucial definir claramente seu público-alvo. Sem essa definição, você corre o risco de gastar dinheiro em visibilidade que não se traduzirá em novos negócios ou clientes, pois a audiência patrocinada pode não estar alinhada com seu perfil ideal.

Há também métodos menos recomendados, como o uso de robôs para interagir com seu conteúdo ou a compra de curtidas e seguidores. Esses métodos carecem de vínculos reais e confiança, elementos essenciais para qualquer relação duradoura.

Lembre-se de uma premissa fundamental da comunicação assertiva: a paciência é chave para formar vínculos de confiança. No mundo *on-line*, isso significa que não devemos nos apressar para aumentar rapidamente a repercussão do nosso conteúdo. Tanto nas redes *off-line* quanto *on-line*, sua proposta de valor deve seguir os "Cs" da comunicação: calma, coerência, constância, consistência e clareza. Manter esse foco estratégico ao longo do tempo pode ser desafiador, e é exatamente sobre isso que falaremos no próximo capítulo.

> **Sinopse legal**
>
> - Ninguém leva para o mundo digital aquilo que não é na vida real. Então, as premissas de gerenciamento de riscos reputacionais se aplicam tanto à comunicação *off-line* quanto à *on-line*.
> - Entre esses dois mundos, existe apenas uma grande diferença: na realidade presencial, uma gafe se espalha no "boca a boca" em progressão aritmética; enquanto na comunicação *on-line* um erro se propaga em progressão geométrica (exponencial).
> - Uma das premissas da comunicação assertiva é a prática de valores de forma coerente e consistente. Seu conteúdo deve estar em linha com seus valores éticos, manifestando-se com respeito, transparência, responsabilidade e integridade.
> - Nas mídias sociais, tenho visto profissionais éticos e muito bem-intencionados tropeçarem em sutilezas que podem macular suas reputações. Ou, pelo menos, expor contradições que não contribuem em nada para a percepção positiva de sua marca pessoal.
> - O que você pensa sobre um advogado que publica um vídeo, falando sobre sua especialidade jurídica enquanto dirige seu carro novo e cheio de estilo?
> - O Código Brasileiro de Trânsito proíbe terminantemente o uso de celular ao dirigir – seja para conversar ou enviar mensagens de texto, o que é considerado uma infração gravíssima.

- Gravar um vídeo dirigindo o carro, pode parecer um pequeno deslize, porque a maioria das pessoas ignora essa lei no Brasil, mas um advogado... O advogado que descumpre a lei – qualquer que seja ela – não é confiável.
- Sempre que sentir necessidade de se perguntar se algo seria visto, ou não, como bacana para sua imagem... tome a decisão de não fazer a postagem.
- O único jeito de evitar efeitos negativos cumulativos é estar muito atento para manter a coerência até nos mínimos detalhes – sempre e em tudo, mas especialmente nas mídias sociais.
- A clareza da linguagem é outra arma valiosa para você se aproximar de seu público-alvo. Por isso, evite o juridiquês e publicações do tipo: "Cuida a presente postagem dos aspectos gerais relativos à súmula vinculante, expondo as nuances do procedimento..."
- O que fazer diante dos comentários mais tóxicos? Responder ou ignorar? Quando a pessoa lhe parecer mais interessada em agredir do que em interagir, pode ser mais sábio calar e ignorá-la.
- Por outro lado, com calma e empatia, você pode transformar um comentário impertinente em uma resposta reforçando a ideia central do seu conteúdo anterior.
- Existem também as pessoas realmente tóxicas e os *haters*. E aí, sim, é o caso de você tomar uma atitude para se preservar. Além de ignorar e manter o silêncio, você tem a opção de bloquear a pessoa.
- E mais um detalhe: registre, documente e arquive essas interações. É pouco provável – mas não impossível -, que futuramente você tenha que mover uma ação legal contra essa pessoa.
- Qual é o grau de exposição ideal para um advogado nas mídias sociais? Em tudo na vida, a gente deve buscar o ponto de equilíbrio. Essa é outra daquelas questões de bom senso válidas *off-line* e *on-line*.
- Ser reconhecido como uma top voice na sua especialidade jurídica só pode lhe trazer benefícios. É uma forma de

- reconhecimento de sua autoridade no assunto, o que vai favorecer a construção de sua reputação profissional.
- Mas seu objetivo não é se tornar uma celebridade; é formar autoridade e ser reconhecido como expert no tema jurídico da sua especialização.
- Tudo que você não precisa é que a busca excessiva por popularidade nas mídias sociais acabe ofuscando suas competências profissionais.
- Há outras armadilhas que podem surgir em decorrência do desejo crescente de conquistar cada vez mais visibilidade nas mídias sociais.
- O engajamento em discussões sobre temas polêmicos e controversos é uma armadilha: aquele antigo ditado "falem mal, mas falem de mim" não é nada producente para a carreira dos advogados.
- O primeiro e principal fator mitigador de riscos reputacionais é contar com um plano estratégico robusto, que abranja desde a configuração de sua marca (branding) até o suporte às ações de *marketing* pessoal e à formação de sua reputação profissional como advogado.
- O planejamento estratégico é o fio condutor que não permite que ocorram desvios – pelo menos, não muito graves – em sua trajetória, mitigando os riscos reputacionais.
- Outro fator mitigador é o controle de qualidade de conteúdo: antes de publicar qualquer texto, é imprescindível que você faça a revisão de forma e conteúdo – de cabeça fria e com calma.
- Mesmo adotando todas as melhores práticas de gerenciamento de riscos, ninguém está isento da possibilidade de ter contas hackeadas e/ou de acabar enfrentando algum tipo de crise reputacional.
- Em um momento de crise nas mídias sociais, foque no que você pode controlar – suas ações e respostas. Controle o que está ao seu alcance.
- O primeiro passo para superar uma crise é: mantenha a calma e aja. O segundo: direcione toda a sua atenção para uma única ação que você pode tomar a seguir.

- Felizmente, existem também ferramentas digitais que se somam à nossa inteligência humana para auxiliar na mitigação de riscos reputacionais.
- Junto com a relevância cada vez maior da comunicação nas mídias sociais, esses instrumentos também evoluem com muita rapidez – e boa parte é gratuita e oferecida pelas próprias plataformas das redes.
- Além dessas ferramentas, existem também aquelas gratuitas e/ou pagas aplicadas para monitorar continuamente o desempenho das suas páginas e acompanhar reações a seus conteúdos.
- Para aprender sobre ferramentas digitais, você pode pesquisar na internet ou recorrer às plataformas de e-learning, mantendo-se atualizado e contando com o suporte desses recursos úteis e efetivos.
- Para finalizar, destaco mais uma daquelas premissas da comunicação assertiva que são sempre válidas: quando se trata de formar vínculos de confiança, a paciência é um dos principais fatores de sucesso.
- Nas redes *on-line* e *off-line*, a sua proposta de valor como advogado precisa de todos os "Cs" da comunicação: calma, coerência, constância, consistência e clareza.

Capítulo 9

PLANO ESTRATÉGICO E AÇÕES TÁTICAS

Com bastante frequência, observo que muitos profissionais experientes atribuem extrema relevância a tudo que consideram estratégico. Para a maioria dos meus mentorados, por exemplo, a estratégia é vista como o único e principal fator para alcançar e superar as metas traçadas, construindo uma jornada profissional bem-sucedida. Embora não estejam completamente equivocados: a estratégia é o foco que orienta o alcance dos principais objetivos. Portanto, ao percorrer a jornada de construção e comunicação assertiva da sua marca pessoal, você não deve realmente perder de vista o alinhamento estratégico entre seu propósito, valores e suas metas de desenvolvimento de carreira.

Só que parece estar havendo uma hipervalorização da estratégia e das metas a serem atingidas. Atualmente, para a maioria das pessoas, a única coisa que interessa é traçar a estratégia para "chegar lá". Ou seja, encontrar o mais depressa possível o caminho e percorrê-lo com sofreguidão para chegar rapidinho ao tão sonhado sucesso profissional. Em primeiro lugar, esse tipo de abordagem costuma ser fonte de muita angústia, ansiedade e medos recorrentes. A pessoa que valoriza somente O QUE vai ser conquistado, está sempre com pressa, inquieta e impaciente. É que o único valor percebido são as metas a atingir ou superar... Enquanto isso, ao longo da carreira, elas são tomadas por dúvidas e temores de que não vão atingir seus objetivos. Você conhece alguém assim?

Parece que vamos nos tornando cada vez mais obcecados por definir e atingir metas. E não sem razão... Diante da nossa realidade líquida[1] na qual as relações sociais e econômicas são cada vez mais frágeis, fugazes e maleáveis, as metas parecem nos encantar porque são objetivas, mensuráveis e concretas. Um porto seguro para ancorar nossas ansiedades. No entanto, quando somos capturados pela visão exclusiva da estratégia e das metas, deixamos de dar a devida importância a tudo aquilo que é tático – e, sem querer, multiplicamos a possibilidade de efetivamente falhar. O excesso de valorização dos objetivos pode nos levar a cometer erros táticos graves. Às vezes, irreversíveis, quando se trata de marca pessoal e reputação profissional.

Antes de seguir, vamos abrir um parêntese aqui. Além da hipervalorização, percebo que às vezes ocorre certa confusão entre o que é estratégia e o que é tática. Então, primeiro, vamos dar uma pesquisada no dicionário. Segundo a versão digital do Aurélio, **tática** é o "processo empregado para sair-se bem num empreendimento" e os "meios postos em prática para sair-se bem de qualquer coisa". Ou seja, tática são os processos e os meios; tudo aquilo que viabiliza a estratégia. É o COMO você vai percorrer a sua jornada de desenvolvimento até atingir O QUE você definiu como meta em seu planejamento estratégico de carreira na advocacia.

Para deixar bem claro, vamos olhar para o processo como um todo. O primeiro passo é a definição dos seus objetivos de carreira como advogado. O **objetivo** é o resultado final que você deseja alcançar. É o "O QUÊ" você quer atingir. Por exemplo, nesse

---

[1] Filósofo e escritor polonês, Zygmunt Bauman (1925-2017) cunhou o conceito de modernidade líquida, que, segundo ele, evidenciou-se no Ocidente a partir da década de 1960. Na modernidade líquida de Bauman, enquanto as demandas de produção e consumo sobrepujam as relações sociais e afetivas, as novas tecnologias provocam disrupções nos modelos econômicos tradicionais, tornando nossa realidade diária mais fluida e impalpável. Disponível em: https://mundoeducacao.uol.com.br/sociologia/modernidade-liquida.htm. Acesso em: 8 ago. 2024.

processo seu objetivo pode ser melhorar a percepção de sua marca pessoal e alavancar os resultados da sua prestação de serviços jurídicos. Após definir o objetivo, você desenvolve a **estratégia**, que é o plano ou abordagem de alto nível que você usará para alcançar esse objetivo. A estratégia responde ao "COMO" você pretende atingir o objetivo e envolve a escolha dos caminhos gerais e a alocação de recursos para se aproximar do resultado desejado. E, finalmente, a **tática** é a implementação prática da estratégia. As táticas são as ações específicas e os meios usados para executar a estratégia e, eventualmente, alcançar o objetivo. O processo completo forma, de fato, um ciclo contínuo de melhoria:

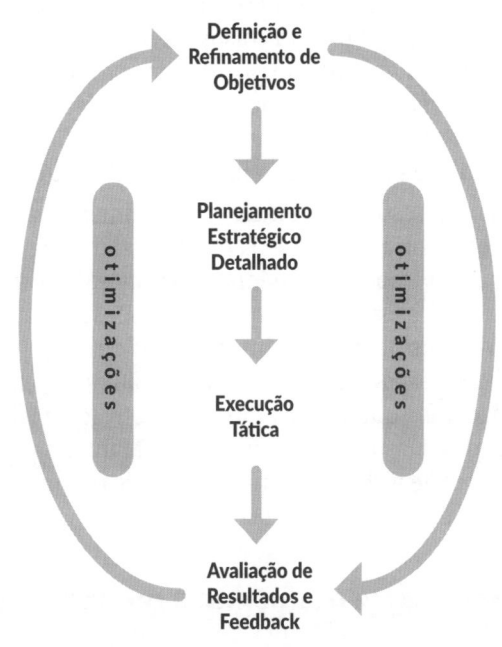

```
         Definição e
       Refinamento de
          Objetivos
              ↓
        Planejamento
         Estratégico
          Detalhado
              ↓
  otimizações    otimizações
              ↓
          Execução
           Tática
              ↓
        Avaliação de
        Resultados e
          Feedback
```

Fonte: elaborada pela autora.

Portanto, a estratégia não se viabiliza sem a tática e a tática é inútil – ou até desastrosa – sem que haja uma estratégia bem definida. Quando alguém se atém à abordagem estratégica, valorizando apenas a visão de futuro quando as metas serão conquistadas, vai acabar negligenciando aquilo que precisa ser feito agora para dar continuidade e sustentação ao processo de desenvolvimento de carreira. Hipoteticamente, é aquele advogado que deseja se tornar o *head* jurídico de uma multinacional ou sócio de um grande escritório, mas não age nessa direção no dia a dia. É o típico sonhador passivo; ele quer, mas não avança na carreira. Com o tempo, perde o sonho e ganha a frustração.

Por outro lado, se o profissional se coloca em movimento sem traçar antes os objetivos e desenvolver a estratégia para alcançá--los, o mais provável é que acabe por adotar um conjunto de ações táticas inconsistentes e contraditórias. Ele toma decisões, faz escolhas e age taticamente, usando recursos em diferentes etapas do processo, mas sem conseguir alcançar resultados satisfatórios. Depois muda de ideia, não reflete antes e entra em ação novamente. Vai seguindo assim, fazendo coisas ineficientes. Pode até investir energia para matar um leão por dia, mas nunca se questiona se todo esse esforço está alinhado estrategicamente com O QUE quer alcançar na carreira como advogado. Esse perfil de pessoa acaba acreditando que se esforçou demais, mas sempre teve pouca sorte.

Conclusão: estratégia e tática são igualmente valiosas. Têm que estar em equilíbrio para que as duas possam atuar em sinergia e propiciar uma jornada profissional bem-sucedida e duradoura, isto é, sustentável. Na estratégia, estão as decisões fundamentais para o desenvolvimento de sua carreira com visão de longo prazo; na tática, estão as ações específicas com repercussão em menor escala e em curto prazo, mas que têm efeitos cumulativos e viabilizadores da conquista das suas metas profissionais. Mantenha esse equilíbrio e nunca perca de vista o seguinte: o segredo do sucesso na carreira de advogado é o jeito COMO você caminha e não o seu destino final.

9.1. Estratégia desfocada e má reputação

Neste capítulo, quando a gente fala de ter e manter o foco, não se trata de se distrair, dispersar a atenção realizando múltiplas tarefas simultaneamente ou deixar seu cérebro vagar por aí até levar você ao "modo de procrastinação".[2] Nesse ponto da

---

[2] Sobre as armadilhas do cérebro sabotador que promovem a perda de foco de atenção e a procrastinação, leia também os capítulos 1 e 4 de meu

nossa jornada, estou me referindo àquele foco que vai bem além das distrações e é chave para assegurar a sustentabilidade do seu sucesso profissional. Construído a partir do aprofundamento do autoconhecimento e da definição dos seu propósito e valores, seu foco de carreira norteia e mantém alinhadas as ações táticas para que sejam coerentes e consistentes com as metas profissionais que você quer alcançar. Na carreira de advogado, podemos afirmar que o foco é o seu "siga a seta".

Para entender bem essa questão, primeiro, vamos adicionar ao conceito da modernidade líquida de Bauman, a ideia da velocidade da produção do conhecimento. Segundo Richard Buckminster Fuller, o volume de conhecimento produzido em 1900 dobrava a cada 100 anos; em 1945, a velocidade era de 25 anos e, em 1982, já estava em apenas 13 meses. Logo a seguir, a IBM deu continuidade a esse estudo e chegou à conclusão de que a partir de 2020 o conhecimento humano já estaria se duplicando a cada 12 horas.[3] E se ainda não chegamos a isso, com certeza, estamos bem próximos...

Para tornar o ambiente em que nós aprendemos e nos desenvolvemos profissionalmente ainda mais desafiador, acrescenta-se a esse cenário a famosa Lei de Moore sobre o ritmo cada vez mais acelerado da evolução tecnológica. No que se refere especificamente à Inteligência Artificial, uma análise divulgada pelo OpenAI afirma que

> *[...] desde 2012, a quantidade de computação usada nas maiores implementações de IA têm aumentado exponencialmente com um tempo de duplicação de 3,4 meses (em comparação, à Lei de Moore prevê um período de duplicação de dois anos). [...] enquanto essa tendência continuar, vale a pena se preparar*

---

primeiro livro *Mentoria e coaching jurídicos* (São Paulo: Juruá, 2022), que apresentam as ferramentas para enfrentar e minimizar seus efeitos nocivos.

[3] Em seu livro, *Critical path* (New York: St. Martin's Griffin, 1982), Richard Buckminster Fuller (1895-1983) propõe essa curva da duplicação do conhecimento.

para as implicações evolutivas de sistemas muito além das capacidades atuais.[4]

Segundo Thomas Friedman, colunista do jornal *New York Times*, "estamos em um momento em que tecnologia está evoluindo mais rápido do que a capacidade humana".[5] E para que essa conjuntura de fatores não vire um tsunami avassalador em nossas vidas, a solução é uma só: nossa capacidade de adaptação às rápidas mudanças no ambiente.[6] E, para isso, você vai precisar contar com um foco bastante preciso e certeiro.

Hoje, por exemplo, não dá nem para sonhar em ser um gênio tipo Leonardo da Vinci (1452-1519), que no seu tempo era reconhecido por seus múltiplos talentos e saberes.[7] Além de ter se notabilizado como o pintor da Mona Lisa, em 1482, com 30 anos, Leonardo transferiu-se para Milão e ofereceu seus serviços a Ludovico Sforza, o duque de Milão, apresentando-se como engenheiro, arquiteto e pintor, tendo sido reconhecido também por sua genialidade em outros campos, como urbanismo, mecânica, cartografia, balística, hidráulica e anatomia.

Hoje em dia, é humanamente impossível conhecer "tudo sobre tudo". E, justamente por essa razão, alguns advogados avaliam que,

---

[4] No artigo *AI and compute*, publicado em 16.05.2018 no *site* Openai. Disponível em: https://openai.com/index/ai-and-compute/. Acesso em: 20 ago. 2024.

[5] Lei de Moore refere-se à observação feita em 1965 por Gordon Moore, cofundador da Intel, sobre o ritmo da evolução na computação, que o número de transistores teria um aumento de 100%, pelo mesmo custo, a cada dois anos. O colunista Thomas Friedman fez esse comentário durante uma palestra em São Paulo em 2018. Disponível em: https://epocanegocios.globo.com/Tecnologia/noticia/2018/03/tecnologia-esta-evoluindo-mais-rapido-do-que-capacidade-humana-diz-friedman.html. Acesso em: 9 ago. 2024.

[6] Tom Goodwin traz a ideia de "darwinismo digital" para as organizações, mas o conceito pode ser transposto para os indivíduos e é o seguinte: quem não souber acelerar e aprofundar sua adaptação ao mundo digital, no mínimo, vai ficar para trás e sem novas oportunidades de crescimento no mercado.

[7] Disponível em: https://www.ebiografia.com/leonardo_vinci/. Acesso em: 12 ago. 2024.

em vez de "tudo sobre tudo", um fator competitivo para suas carreiras pode ser o domínio de "um pouco de tudo". Consideram que, sendo profissionais generalistas, seriam mais capazes de atrair um número maior de clientes. Isso só é viável e eficiente, porém, para um escritório em que cada sócio domina em profundidade uma área diferente do Direito. Por contar com experts em diferentes áreas jurídicas, nesse caso, a banca tem, de fato, o potencial de atrair um volume maior de ações mais diversificadas.

Quando falamos de carreiras individuais, no entanto, o objetivo de dominar "um pouco de tudo" pode ser um tiro no pé. Advogados com esse perfil que, em meu primeiro livro denomino de "profissional bombril",[8] acabam correndo o risco da dispersão de esforços e têm dificuldade para delinear uma proposta de valor diferenciada. Dispondo de um plano de desenvolvimento desfocado, pode se preparar para enfrentar os efeitos mais deletérios no dia a dia de trabalho, que podem levar até a uma percepção negativa da sua imagem profissional. É que a falta de foco leva você a agir taticamente de modo inconsistente, inconstante – e até contraditório.

Com a estratégia desfocada, por exemplo, em vez de seguir em frente buscando efeitos cumulativos positivos para a construção de sua marca pessoal, você pode se tornar o campeão das tentativas de achar atalhos. Tem "surtos" de disposição e dedicação de tempo ao seu desenvolvimento de carreira: faz inscrição em cursos, participa de eventos, publica conteúdos... investe um monte de energia e, como não vê de imediato os resultados imaginados, entra em fases de desânimo total, como se estivesse em "hibernação" na carreira. Por um tempo, não quer saber de nada relacionado ao seu desenvolvimento profissional até que... Tenta de novo e de novo e de novo – sempre sem resultados eficientes.

Para sintetizar a relação de causa e efeito entre a falta de foco e os obstáculos no desenvolvimento de carreira de advogado, vamos analisar juntos o quadro a seguir:

---

[8] Veja no Capítulo 2 do meu livro *Mentoria e coaching jurídicos* (São Paulo: Juruá, 2022) a diferença entre a atuação e os resultados alcançados pelo que chamo de o advogado bombril e o advogado árvore.

```
Hipervalorização de metas  ──▶  Círculo vicioso  ──▶  Efeitos deletérios

Baixo                                                    Desorganização
conhecimento                                             Insegurança
    +                                                    Pressão de tempo
Propósito          Estratégia de      Ações táticas      Ansiedade
indefinido         carreira desfocada inconsistentes     Estresse físico e mental
    =                                 e/ou contraditórias Baixa produtividade
Medos                                                    Má gestão de tempo
recorrentes                                              Desmotivação
                                                         Baixo engajamento

                   PERCEPÇÃO NEGATIVA DE IMAGEM DE MARCA
                          Má reputação profissional
```

Fonte: elaborada pela autora.

O círculo vicioso entre a estratégia desfocada e as ações táticas inconsistentes, além de causar desmotivação e desengajamento, levam você a uma rotina caótica, que só tem efeitos deletérios sobre sua marca pessoal e reputação profissional. Sua produtividade cai, você fica mais sujeito a crises de ansiedade e a desorganização se instaura ao seu redor, contaminando, inclusive, o desempenho de sua equipe – caso você já ocupe uma posição de gestor. Com certeza, nada de bom pode resultar disso. Se essa situação se prolongar por muito tempo, o mais provável é que a falta de foco acabe por se tornar uma percepção negativa da sua imagem de marca entre clientes e potenciais clientes.

Essas são algumas das questões filosóficas subjacentes à relevância do foco no seu desenvolvimento profissional. Na prática, porém, ter foco significa aprender a dizer "não" a todas as ações táticas que você identifica como atalhos ou desvios e que estarão em dissonância (inconsistentes ou contraditórias) com seus objetivos na carreira de advogado. Ampliando o investimento no autoconhecimento, você mesmo vai perceber com naturalidade que, em vez do profissional bombril, a única forma de um advogado conseguir ser bem-sucedido com sua proposta de valor diferenciada é se especializar em uma determinada área e escolher um nicho bem específico de atuação.

O advogado tem que definir um nicho de atuação e se tornar *expert* para que tenha a possibilidade de atrair um público-alvo bem determinado, mas com dimensão para lhe gerar um fluxo de receita suficiente. Por outro lado, a gente não pode esquecer o conceito de multidisciplinaridade: eu sempre digo e repito que, para se adaptar às mudanças cada vez mais aceleradas do nosso tempo, o advogado não pode se restringir a dominar somente as questões técnicas de sua área jurídica. Tem que ampliar a abrangência da visão de negócios e aprimorar, além das competências técnicas, também as comportamentais.

Quando enfatizo aos meus mentorados a importância da multidisciplinaridade, invariavelmente, alguns deles apontam uma suposta contradição em mim: "Olívia, não entendo como você quer que eu seja um advogado com atuação de nicho, profundamente especializado em um único nicho do Direito e, ao mesmo tempo, diz que tenho que ser também um profissional com visão e competências multidisciplinares... não é impossível ser único e múltiplo ao mesmo tempo?" Minha resposta é direta: "Você deve ser um advogado profundamente especializado em uma única área do Direito e, com foco exclusivo em seu nicho, tem que desenvolver sua visão e múltiplas competências como empreendedor da sua própria carreira. É assim que a gente consegue ser único e múltiplo ao mesmo tempo".

Para encerrar essa parte, gostaria de registrar uma tendência de mercado e levantar uma questão para você: recentemente, algumas grandes empresas têm optado por gradualmente estruturar departamentos jurídicos robustos, que funcionam como verdadeiros escritórios de advocacia internos, resolvendo todos os seus problemas jurídicos sem depender de escritórios externos. Em sua opinião, o que está motivando essa tendência no mercado jurídico brasileiro? Reflita sobre isso. Na minha visão, o retorno ao departamento jurídico próprio é a maneira encontrada pelas empresas para contar com um time de advogados altamente especializados no seu negócio, com total dedicação e, por isso, capazes de entregar resultados mais eficientes. Se essa tendência continuar e se generalizar, acredito que veremos o sucesso de advogados com uma especialização única e uma visão multidisciplinar do negócio.

9.2. Medos podem detonar seu foco

Existe um conjunto de fatores que faz com que boa parte dos advogados resista à ideia da necessidade imprescindível de ter um único foco definido com muita clareza. Vamos começar pelos mais frequentes, que são dois medos, que mais parecem fantasmas, porque só existem na mente das pessoas. Quando se trata da especialização em uma única área jurídica, o primeiro e maior medo é o de reduzir a base de atração de novos clientes. Nós já mencionamos isso nesse capítulo, mas esse temor é tão recorrente, que considero necessário a gente se aprofundar mais na questão.

O ponto é que o advogado teme se especializar em uma área apenas e perder oportunidades de negócios em todos os outros setores jurídicos. Então, ele opta por se manter como um profissional generalista, que não conhece nenhum tema em profundidade e não consolida sua autoridade em nenhuma área jurídica. Para refutar esse medo, começo lembrando a necessidade de realizar um estudo prévio de mercado para identificar o "menor público viável",[9] aquele que tem demanda suficiente para buscar sua proposta de valor diferenciada e gerar receita. Esse medo é infundado e pode ser destruído com um olhar reverso: ao contrário, ao atuar em um nicho único, você conhecerá melhor e estará mais próximo de seu público-alvo, ampliando sua capacidade de prospectar novas oportunidades.

Falando em estar mais próximo do seu público-alvo, vou aproveitar aqui para comentar sobre uma das possíveis ações táticas de prospecção, que é o engajamento em eventos técnicos na sua área de especialidade. Esse é um tipo de atividade que pode render bons resultados, desde que... não esteja relacionada a um grupo de advogados da mesma área que você. Por exemplo: se você é advogado tributarista, vai se engajar no calendário de eventos da área de Direito Tributário da sua seccional da OAB?

---

[9] Apresentamos o conceito de "menor público viável" e detalhamos o planejamento e o passo a passo da implementação desse estudo mercadológico nos Capítulos 4 e 5.

O que você acha dessa iniciativa tática como captação de novos clientes? Sob o ponto de vista da prospecção, a maior probabilidade é que não surta efeito nenhum. É que, ao buscar novas oportunidades de negócios, você tem que estar engajado com o seu público-alvo e não com os colegas da mesma área do Direito. Em um evento assim, o máximo que o advogado tributarista pode conquistar é um parceria de trabalho, por exemplo, com um advogado societário.

E o segundo medo mais frequente na hora de definir o foco é o de perder clientes da atual carteira de negócios. Esse temor se materializa na seguinte pergunta: "Como é que eu vou explicar para meus atuais clientes, para os quais cuido de ações em diferentes áreas jurídicas que, a partir de agora, eu só vou atender em uma única e determinada área?". Vamos supor que, em vez de advogado, você fosse um médico clínico geral. Depois de alguns anos de atuação com clientes que cuidam da saúde com você e estão satisfeitos com seu atendimento, você conclui sua residência e especialização em otorrinolaringologia. Qual é o problema de contar isso aos clientes que você atende como clínico geral?

Se eles estão satisfeitos com seu atendimento, a nova especialização como médico otorrino se apresenta como uma competência adicional e não, como um empecilho profissional. A lealdade dos clientes satisfeitos costuma ser bem grande. Outro problema muito diferente, com certeza, é se os atuais clientes não estiverem satisfeitos com seu desempenho como advogado generalista... Nesse caso, o mais provável é que eles não sejam leais e busquem outro profissional. Entende o ponto? Aí, o problema não é o seu novo foco em determinada área jurídica, é a falta de qualidade dos serviços prestados – um tema sobre o qual falaremos no próximo capítulo.

Além desses dois grandes medos injustificados e que são os principais detonadores da definição de um foco único, o processo todo pode esbarrar ainda na resistência à ideia de planejar a carreira. Existem pessoas – e não são raras – que têm aversão a fazer planos, alegando que planejar engessa a vida e/ou que tira a graça das surpresas trazidas pelo acaso. Bom, pela minha perspectiva de mentora, deixar de fazer um sólido planejamento de carreira é como esperar a vida cair do céu. É inquestionável que, diante de tantas incertezas, existe uma parte da nossa vida que não temos o poder de planejar, mas é irrefutável estatisticamente que um bom plano é capaz de mitigar os riscos[10] ao longo da jornada.

Para detonar um pouco mais o processo de definição do foco carreira, é frequente que haja reflexos diretos desses medos e da aversão ao planejamento no comportamento rotineiro do advogado. Sem propósito e valores identificados claramente por falta de autoconhecimento, tomado pelos medos e sem contar com um plano estratégico sólido sob os pés, o profissional segue em frente sem convicção nenhuma sobre o caminho que está trilhando. A ansiedade e a angústia aumentam, realimentando os medos e, se mesmo assim conseguir romper o círculo vicioso e sair da inércia, o profissional vai adotar ações táticas desalinhadas, dispersando esforços e gerando outros comportamentos nocivos.

É aquela velha história: uma coisa puxa a outra... Quando falta o foco, as ações táticas acabam gerando efeitos deletérios, como desorganização da rotina, reuniões improdutivas, mau gerenciamento do tempo, espaços físico e digital caóticos. E tudo isso somado faz com que sua agenda sempre pareça estar sobrecarregada por falta de delegação das tarefas administrativas e rotineiras, porque o profissional não sabe identificar o que é prioritário e estratégico. A motivação se esvai, a produtividade despenca e a eficiência é reduzida ao mínimo.[11] Seguindo por esse caminho, o advogado, seja no contencioso ou no consultivo, começa a não atender aos requisitos mínimos de qualidade na prestação de serviços. E um dos sinais mais evidentes desse

---

[10] Se você estiver entre as pessoas que resistem ao planejamento de carreira, leia o Capítulo 2 – O plano é virar o jogo! – do meu primeiro livro *Mentoria e coaching jurídicos* (São Paulo: Juruá, 2022), da p. 41 a 67, no qual também apresento a diferença entre o que é incerteza e risco.

[11] Caso você identifique os sinais de que está entrando nesse círculo vicioso da falta de foco, recomendo a leitura do Capítulo 4 – É tempo de ganhar tempo – entre as p. 101 e 134 do meu primeiro livro *Mentoria e coaching jurídicos* (São Paulo: Juruá, 2022). Lá estão apresentadas todas as ferramentas e táticas para superar a procrastinação e a má gestão do tempo.

círculo vicioso é a incapacidade de cumprir prazos cruciais ou de oferecer aconselhamento estratégico de valor. Poucas coisas são tão destrutivas para a reputação de um advogado quanto a falha em entregar resultados de excelência – e dentro do prazo.

Para transformar esse círculo vicioso em virtuoso, a solução é reiniciar o processo do zero para fazer ajustes. A partir de exercícios de autocrítica e autoconhecimento, em vez de hipervalorizar a estratégia e as metas, você terá que repensar quais são o propósito e os verdadeiros valores de sua jornada profissional. A partir desse aprofundamento individual, você vai definir com mais rigor subjetivo um foco e adotará ações táticas alinhadas a ele, percorrendo sua trilha de desenvolvimento com muito menos ansiedade e impaciência. E, posso lhe assegurar: com efeitos cumulativos muito mais positivos na consolidação da sua marca pessoal e nos objetivos da sua carreira como advogado.

> **Sinopse legal**
>
> - A estratégia é o foco de visão que dá as diretrizes para atingir os principais objetivos.
> - Na construção e comunicação assertiva de sua marca pessoal, você não deve realmente perder de vista o alinhamento estratégico entre seu propósito, valores e suas metas de desenvolvimento de carreira.
> - Parece haver uma hipervalorização da estratégia e das metas. Atualmente, para a maioria das pessoas, a única coisa que interessa é traçar a estratégia para alcançar bem depressa seus objetivos.
> - O advogado que valoriza somente O QUE vai ser conquistado, está sempre com pressa, inquieto e impaciente. Ao longo da carreira, é tomado por dúvidas e temores de que não vai conseguir "chegar lá".
> - Quando somos capturados pela visão exclusiva da estratégia e das metas, deixamos de dar a devida importância ao que é tático – e, sem querer, multiplicamos a possibilidade de efetivamente falhar.

- O excesso de valorização das metas estratégicas pode nos levar a cometer erros táticos graves. Às vezes, irreversíveis, quando se trata de marca pessoal e reputação profissional.
- O dicionário define tática como o "processo empregado para sair-se bem num empreendimento" e os "meios postos em prática para sair-se bem de qualquer coisa".
- Tática são os processos e os meios; tudo aquilo que viabiliza a estratégia.
- Tática é COMO você vai percorrer a sua jornada de desenvolvimento até atingir O QUE você definiu como meta em seu planejamento estratégico de carreira na advocacia.
- A estratégia não se viabiliza sem a tática e a tática é inútil – ou até desastrosa – sem que haja uma estratégia bem definida.
- Estratégia e tática são igualmente valiosas. Têm que estar em equilíbrio para que atuem em sinergia e propiciem uma jornada profissional bem-sucedida e duradoura, isto é, sustentável.
- O segredo do sucesso na carreira de advogado é o jeito COMO você caminha e não o seu destino final.
- O foco de carreira norteia e mantém alinhadas as ações táticas para que sejam coerentes e consistentes com as metas profissionais que você quer alcançar.
- Na carreira de advogado, podemos afirmar que o foco é o seu "siga a seta".
- Hoje, é humanamente impossível conhecer "tudo sobre tudo". E, por isso, alguns advogados avaliam que, em vez de "tudo sobre tudo", um fator competitivo pode ser o domínio de "um pouco de tudo".
- Quando se trata de carreiras individuais, dominar "um pouco de tudo" pode ser um tiro no pé. Advogados generalistas correm o risco da dispersar esforços e não delinear uma proposta de valor diferenciada.
- Na prática, manter o foco significa aprender a dizer "não" a todas as ações táticas, que você identifica como atalhos ou desvios que estarão em dissonância com os seus objetivos de carreira.

- A falta de um plano de desenvolvimento focado gera efeitos deletérios no dia a dia de trabalho, que podem levar até a uma percepção negativa da sua imagem profissional.
- O círculo vicioso entre a estratégia desfocada e as ações táticas inconsistentes, além de causar desmotivação e desengajamento, levam você a uma rotina caótica, que contamina tudo ao redor.
- O advogado tem que definir um nicho de atuação e se tornar *expert* nesse tema específico.
- Por outro lado, o advogado tem que ser multidisciplinar: ampliar a abrangência da visão de negócios e aprimorar, além das competências técnicas, também as comportamentais.
- Com foco exclusivo em seu nicho jurídico, o advogado tem que desenvolver sua visão e múltiplas competências como empreendedor do seu negócio, que é a sua carreira como advogado. É assim que a gente consegue ser único e múltiplo ao mesmo tempo.
- Existe um conjunto de fatores que faz com que boa parte dos advogados resista à ideia da necessidade imprescindível de ter um único foco definido com muita clareza.
- Quando se trata da especialização em um único nicho jurídico, o primeiro e maior medo é o de reduzir a base de atração de novos clientes.
- O advogado teme se especializar em um nicho apenas e perder oportunidades de negócios em todos os outros setores jurídicos.
- Para refutar esse medo, lembro que é imprescindível realizar um estudo prévio de mercado para identificar o "menor público viável", aquele que tem demanda para gerar receita suficiente.
- Esse medo pode ser destruído com um olhar reverso: ao contrário, ao atuar em um nicho único, você conhecerá melhor e estará mais próximo de seu público-alvo, ampliando sua capacidade de prospectar novas oportunidades.
- O segundo medo mais frequente na hora de definir o foco é o de perder clientes da atual carteira de negócios.

- Se os clientes estiverem satisfeitos com seu serviço jurídico, a nova especialização vai ser como uma competência adicional e não, como um empecilho profissional. A lealdade dos clientes satisfeitos é bem grande.
- Outro problema muito diferente, com certeza, é se os atuais clientes não estiverem satisfeitos com seu desempenho como advogado generalista...
- Nesse caso, o problema não é o seu novo foco em determinado nicho jurídico, é a falta de qualidade dos serviços prestados – um tema sobre o qual falaremos no próximo capítulo.
- O processo de definição de um foco único pode esbarrar ainda na resistência à ideia de planejar a carreira. Existem pessoas – e não são raras – que têm aversão a fazer planos.
- Pela minha perspectiva de mentora, deixar de fazer um sólido planejamento de carreira é como esperar a vida cair do céu.
- É inquestionável que, diante de tantas incertezas, existe uma parte da nossa vida que não temos o poder de planejar, mas é irrefutável estatisticamente que um bom plano é capaz de mitigar os riscos ao longo da jornada.
- Para detonar de vez o processo de definição do foco na carreira, é frequente que haja reflexos diretos desses medos e da aversão ao planejamento no comportamento rotineiro do advogado.
- Com baixo autoconhecimento, tomado pelos medos e sem contar com um plano estratégico sólido sob os pés, o profissional segue em frente sem convicção nenhuma sobre o caminho que está trilhando.
- A ansiedade e a angústia aumentam, realimentando os medos e o advogado vai acabar adotando ações táticas desalinhadas, dispersando esforços e gerando outros comportamentos nocivos.
- É aquela velha história: uma coisa puxa a outra... Quando falta o foco, as ações táticas acabam gerando efeitos deletérios, que vão denegrir sua marca pessoal e reputação profissional.

- Para transformar esse círculo vicioso em virtuoso, a solução é reiniciar do zero para fazer ajustes e otimizar todas as etapas do processo, que é um ciclo contínuo de aprimoramento.
- A partir de exercícios de autocrítica e autoconhecimento, em vez de hipervalorizar a estratégia e as metas, você terá que repensar quais são o propósito e os verdadeiros valores de sua jornada profissional.
- Posso lhe assegurar essa revisão trará efeitos cumulativos muito mais positivos na consolidação da sua marca pessoal e nos objetivos da sua carreira como advogado.

Capítulo **10**

MANTENDO MARCA E REPUTAÇÃO EM ALTA

Ao longo desse livro, nós percorremos juntos cada uma das etapas do processo de identificação, planejamento, estruturação e comunicação da sua marca pessoal como forma de utilizá-la para alavancar os resultados de sua carreira como advogado. Desde o início, lá no Capítulo 1, afirmo que marca pessoal todo mundo tem. Cada pessoa já nasce com a sua marca pronta; é o seu jeito de ser e de se expressar diante do mundo. A gente só precisa aprender a se apropriar dessa marca pessoal e usufruir de todos os benefícios que esse ativo pode proporcionar durante nossa vida, especialmente na dimensão profissional.

Já conhecendo o passo a passo e os instrumentos que podem apoiá-lo nessa jornada, desse ponto em diante, você pode seguir adiante sozinho... ou – mais consciente e fortalecido – buscar o suporte de um profissional. Seja qual for sua decisão, para encerrar nosso trabalho conjunto, faço questão de retomar nesse último capítulo alguns pontos que sei que são cruciais para o seu sucesso na carreira. Um deles é a paciência; a capacidade de agir e dar tempo ao tempo sem ser capturado pela ansiedade. Hoje, vivemos em um contexto em que tudo precisa ser veloz e instantâneo. Mas esse não é o ritmo da vida. Colocar pressa e pressão no processo não gera nenhum benefício. Na natureza, tudo tem seu próprio tempo: semear, nutrir, crescer e só depois colher frutos, que trazem sementes, que darão início a um novo ciclo. É inútil cultivar a impaciência.

Todo esse processo de configuração de marca pessoal é único e intransferível. Ninguém pode percorrê-lo por você, porque tudo depende da sua vontade, disposição e dedicação ao autoconhecimento, que se transformará – continuamente – em seu ponto de partida e de chegada. A autenticidade e a profundidade da sua marca pessoal serão cultivadas no terreno fértil do tempo, que avança como se fosse uma espiral e conduz você a novas descobertas e necessidades de autoconhecimento. O ciclo é iterativo, possibilitando o seu contínuo aprimoramento e desenvolvimento. A cada volta completa na espiral, você se torna uma pessoa diferente com novos valores de uma etapa profissional mais evoluída, que precisam ser recalibrados e realinhados com seu propósito de vida. O processo é orgânico, sinuoso e... demorado. Na verdade, a duração é de uma vida inteira.

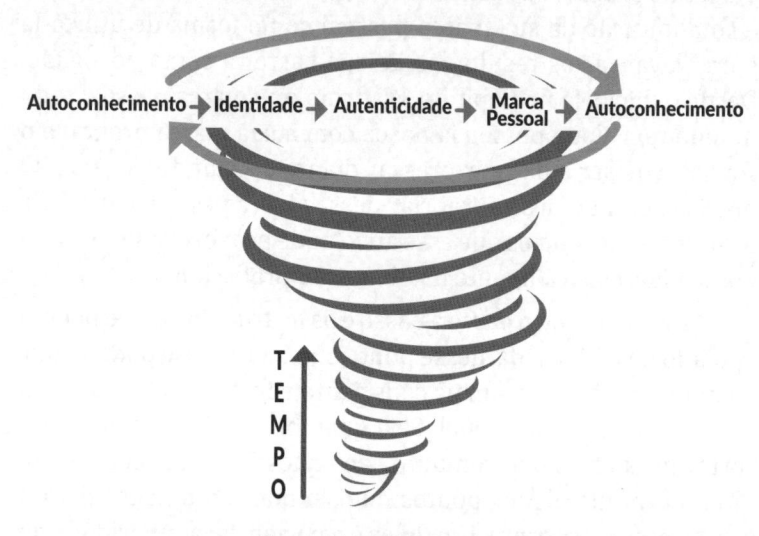

Autoconhecimento → Identidade → Autenticidade → Marca Pessoal → Autoconhecimento

TEMPO

Fonte: elaborada pela autora.

10.1. O tempo e o efeito cumulativo

Sou uma ferrenha defensora da paciência. Ocorre, porém, que é preciso fazer a distinção bem clara entre a paciência passiva e a paciência ativa. A paciência que defendo não é aquela espera passiva de que as circunstâncias acabem por moldar a percepção dos outros e, por fim, criem sozinhas a reputação profissional almejada por você. Quem tem paciência passiva parece que entende o tempo como uma entidade externa e autônoma, que possui o poder de agir por ela. É como se a simples passagem dos dias e dos anos fosse capaz de construir sua reputação profissional. Não se iluda: a mera passagem do tempo não vai levar à colheita dos frutos. A espera passiva – por mais que não tenha pressa e não pareça ansiosa – não será capaz de operar nenhum milagre por seu desenvolvimento. Se você quer um dia ganhar na Mega-Sena, tem – no mínimo – que jogar, não é? Você tem que agir.

É importante observar, porém, outras peculiaridades da carreira no Direito. Note que, nas profissões que possibilitam que pessoas muito jovens sejam bem-sucedidas, o início da carreira também costuma ser bastante precoce. Nos esportes, na música, nas passarelas da moda, por exemplo, o sucesso pode chegar até mesmo antes dos 20 anos de idade. Mas essas pessoas, em geral, também se profissionalizam ainda crianças ou adolescentes. No Direito, é bem diferente. A gente entra na carreira pelo estágio e só depois de se graduar nos cinco anos da faculdade é que começa no primeiro emprego. Ou seja: como advogado, você começa a carreira, em regra, aos 22 anos, no mínimo.

Portanto, um advogado só pode iniciar a sua profissionalização quando esses jovens talentos já costumam estar no auge... mas que isso, por favor, não sirva para aumentar a sua ansiedade profissional. Ao contrário, é preciso entender o modelo de desenvolvimento na profissão para cultivar a paciência imprescindível: no Direito, você começa subindo a escada degrau por degrau e só depois é que vai conseguir um lugar no elevador. Isso, desde que saiba estruturar e comunicar a sua marca pessoal e proposta de valor diferenciada – o que exige tempo, paciência e consistência.

Outra situação bem diferente, mas que também costuma causar inveja, principalmente nos jovens advogados afoitos por ocuparem uma posição de destaque na carreira, são as celebridades de sucesso instantâneo. Essas estrelas das mídias sociais, porém, dão testemunhos cada vez mais frequentes de sua insatisfação pessoal. Muitos deles sobem como foguetes e despencam como meteoros. Às vezes, porque não suportam as pressões do sucesso e, principalmente, as críticas – inevitáveis – que surgem de todos os lados. É que o crescimento muito rápido não ajuda a preparar a cabeça. A pessoa cresce da noite para o dia e recebe um volume repentino de reconhecimento e fama, mas pode ficar despreparada emocionalmente para o sucesso: entra em parafuso de ostentação de riqueza e/ou reage às críticas como se tivessem o poder de destruir sua vida – o que, infelizmente, pode de fato acabar acontecendo, porque o alicerce ficou frágil.

Por outro lado, quando a carreira vai sendo construída mais organicamente, de forma mais lenta, as conquistas se tornam mais autênticas e sólidas. O profissional vai mais longe e de forma mais sustentável ao longo do tempo. E é isso exatamente que chamo de paciência ativa. É encarar o tempo como um aliado, sendo proativo para planejar a estratégia e executar cada ação tática de seu desenvolvimento de carreira. A passagem do tempo mantém em mutação contínua o cenário, enquanto, de forma consciente e estruturada, você segue buscando as respostas e reavaliando quem você é; como quer ser percebido e quais objetivos quer atingir, para se adaptar com agilidade aos novos ambientes e fases da sua carreira na advocacia.

Ser proativo com essa visão de longo prazo vai lhe trazer resultados exponenciais por causa do que é chamado de efeito cumulativo. Em relação à sua marca pessoal e reputação profissional, o efeito cumulativo pode ser negativo ou positivo. No Capítulo 9, já conversamos detalhadamente sobre os efeitos deletérios advindos do desalinhamento entre estratégica e táticas de desenvolvimento de carreira. Por sua vez, o efeito cumulativo positivo é o que ocorre quando você age taticamente com consistência a partir de escolhas estratégicas racionais e conscientes, usando a passagem do tempo a seu favor.

Na realidade, essa ideia do efeito cumulativo não traz nenhuma novidade. É o tradicional conceito dos juros compostos: mês a mês, a incidência de juros sobre juros faz com que um investimento se multiplique ou que uma dívida cresça com resultados exponenciais.[1]

---

[1] Em seu livro *O efeito composto: Acelere o seu rendimento, a sua vida, o seu sucesso* (Rio de Janeiro: Alta Life, 2020), Darren Hardy extrapolou o con-

No mundo das finanças, o paradigma internacional do sucesso com essa visão de reinvestimento em longo prazo é o norte-americano Warren Buffett,[2] que tem entre seus principais seguidores no Brasil o investidor Luiz Barsi, sobre quem o site *InvestNews* afirma o seguinte:

> *Sua história de vida é muitas vezes apresentada como um exemplo de como a paciência, a disciplina e a crença nos princípios fundamentais do investimento podem conduzir ao sucesso financeiro em longo prazo. [...] A estratégia de investimento de Luiz Barsi é uma inspiração para muitos. Sua abordagem conservadora, focada em investir a longo prazo em empresas que ele entende e que pagam bons dividendos, é uma prova de que é possível construir riqueza de forma gradual e constante. Luiz Barsi é conhecido por sua paciência e disciplina, características que lhe renderam o título de "Rei da Bolsa".*[3]

Extrapolando essa ideia para o seu desenvolvimento de carreira como advogado, a cada volta na espiral do tempo, a visão estratégica de longo prazo aliada a ações táticas proativas, consistentes e frequentes serão capazes de lhe trazer resultados cada vez mais desproporcionais aos esforços inicialmente empregados. Profundamente enraizada em sua marca pessoal e proposta de valor diferenciada, sua reputação profissional atrairá mais pessoas para compartilhar e multiplicar a colheita dos frutos. Em outras palavras, de forma exponencial, a semente plantada por você pode se transformar em uma floresta.

---

ceito dos juros compostos para além das fronteiras do universo financeiro, mostrando que a mesma estratégia de longo prazo traz bons resultados em outras circunstâncias de nossas vidas.

[2] Warren Buffett (1930), investidor, empresário e filantropo norte-americano, é CEO da Berkshire Hathaway, uma das maiores e mais bem-sucedidas empresas de investimento do mundo, administrando mais de US$ 121 bilhões em ativos.

[3] Biografia de Luiz Barsi no site InvestNews. Disponível em: https://investnews.com.br/perfis/luiz-barsi/. Acesso em: 22 ago. 2024.

10.2. Disciplina, qualidade e excelência

Outra questão que considero crucial para sua jornada de desenvolvimento de carreira é a compreensão profunda de que a disciplina – por si só – não é a sua melhor conselheira no processo de alavancagem dos resultados. À primeira vista, entre meus mentorados, aqueles que costumam ser mais indisciplinados e desorganizados gostam muito dessa minha afirmação – mas só até entenderem exatamente o seu significado. Por outro lado, aqueles que se comportam naturalmente com mais método se mostram um pouco indignados: "Olívia, de que adianta configurar marca pessoal, definir objetivos, traçar estratégia e ações táticas se, na hora de executar, eu não tiver disciplina? A falta de disciplina pode me fazer ficar na inércia da paciência passiva...". E eles têm "quase" toda razão; só está faltando um fator a mais.

A consistência nas ações táticas, ou seja, em todos os comportamentos e atitudes que compõem a sua rotina de trabalho norteada por sua visão estratégica de carreira, exige disciplina. Palavra em torno da qual podemos agregar outros sentidos fundamentais para que o processo como um todo seja bem-sucedido e sustentável: método, organização, frequência, proatividade, boas práticas, hábitos saudáveis, eficiência... e por aí segue. Não há dúvida de que a disciplina na execução é um dos pilares de sustentação do processo. Mas,... o único fator capaz de manter uma pessoa com disciplina ao longo da espiral do tempo é GOSTAR DO QUE SE FAZ.

Se a gente não gosta do que faz, naqueles momentos mais difíceis em que os obstáculos parecem maiores ou em que bate aquele cansaço no corpo e na mente, a disciplina esmorece. Por mais racional e metódico que possa ser o seu cérebro; por maior que seja a convicção em relação à sua marca pessoal e estratégia de carreira, durante a sua longa jornada, você vai ter vontade de desistir e pode ser que acabe mesmo jogando a toalha. Ter disciplina é muito importante, mas não basta. Lembre-se de que o combustível da sua motivação, do seu engajamento e compromisso é gostar do que faz, aquilo que está em sintonia com seu propósito de vida. Ninguém consegue fazer bem-feito e por muito tempo aquilo que não gosta de fazer... Durante um determinado período, você pode conseguir até manter a qualidade, mas raramente será capaz de consolidar uma reputação de excelência.

É imprescindível aqui ter muito claros os conceitos de qualidade e excelência, porque existe muita gente que os considera sinônimos. Ou quase isso. Há, porém, uma enorme diferença entre essas duas ideias. Por exemplo: estava conversando recentemente com uma de minhas mentoradas sobre o processo de avaliação de desempenho no escritório em que ela trabalha. Satisfeita, ela me contou que, no último processo, sua gestora avaliou que o comportamento dela excedia[4] nas atitudes colaborativas. Fiquei curiosa e pedi para me dar um exemplo do que é exceder em colaboração. Imediatamente, ela relatou um episódio em que teria colaborado para solucionar um problema que não era da sua equipe. A questão estava afetando o resultado de outra área.

E aí entendi a confusão feita entre o que é qualidade e o que é excelência e perguntei a ela: "Quem é o seu time, a sua equipe? As pessoas exclusivamente da área em que você trabalha? Ou a sua equipe são todas as pessoas do escritório? Você trabalha pelos resultados da sua área unicamente ou pelos resultados do escritório como um todo? Por que você e sua gestora consideram exceder o simples atendimento a uma necessidade de outra equipe do mesmo escritório? Para mim, isso é o que se espera de alguém que se preocupa com a sua organização. E aqui vemos a diferença entre qualidade e excelência". Para ela compreender melhor o meu ponto, resolvi explicar melhor. Então, apresentei a ela a seguinte argumentação.

Quando a gente produz algo ou presta um serviço, que atende exatamente as especificações técnicas e/ou tudo aquilo que é esperado de nós, estamos dentro dos parâmetros do conceito de qualidade. Ou seja, quando cumprimos nossas obrigações e

---

[4] De acordo com a versão digital do *Dicionário Aurélio*, o verbo exceder significa "ir além do que é natural, justo, conveniente" e o adjetivo excelente é aquilo que é "muito bom, que excede", sendo, portanto, excelência "a qualidade de excelente", isto é, o substantivo para aquilo que excede.

responsabilidades ou atuamos dentro do nosso *job description* estamos trabalhando com qualidade. Isso significa que, mesmo colaborando com outra equipe do escritório, minha mentorada estava atuando dentro do limite das expectativas, que é contribuir para o melhor resultado do escritório. Isso é obrigação dela e responsabilidade de todas as pessoas do time.

Outra coisa muito diferente é trabalhar em um patamar de excelência. Quando a gente gosta do que faz, além de conseguir manter a disciplina na execução das ações táticas, o desempenho tende a exceder os parâmetros da obrigação, da responsabilidade e da conformidade. Especialmente na prestação de serviços, atuar com excelência é cuidar do outro e superar as expectativas de quem está sendo atendido. Dá uma olhada, por exemplo, no vídeo que incluí em uma de minhas postagens no LinkedIn. É um médico que, em vez de apenas seguir o protocolo, veste as crianças como super-heróis antes da cirurgia. Ele transforma o medo em coragem, um ambiente frio de um hospital em uma aventura e vai além do dever de curar, ele toca os corações.[5]

Eu costumo dizer que todo mundo gosta de se sentir importante, considerado, cuidado. Na sua vida profissional como advogado, o que seria equivalente a vestir seus clientes como super-heróis? Como advogado, cada um de seus clientes deve ter a sensação de que sua marca pessoal agrega valor e faz a diferença para ele. Não somente por sua expertise técnica no nicho específico de sua atuação jurídica, mas porque você é capaz de ouvir, entender necessidades e oferecer algo diferenciado como solução. Isso é ir além das especificações técnicas e dos limites da qualidade; isso é excelência.

Para o caso de restar ainda alguma dúvida, concluí a argumentação para ela, lembrando de uma palestra de Seth Godin, marketeiro norte-americano, palestrante e autor de 18 best--sellers, na qual ele faz uma diferenciação nítida entre qualida-

---

[5] Leia a minha postagem e assista ao vídeo do médico no meu LinkedIn. Disponível em https://www.linkedin.com/posts/mariaoliviamachado_carreira-advocacia-marcapessoal-activity-7233109911444832256--NRsi/?utm_source=share&utm_medium=member_desktop. Acesso em: 28 ago. 2024.

de e excelência. De acordo com uma reportagem publicada em 2018, Godin considera que qualidade e excelência diferem nos seguintes aspectos:

> À primeira vista, poderíamos considerar qualidade como algo caro, sofisticado ou de alta classe. Mas o que qualidade realmente significa é atender às especificações, corresponder às expectativas e simplesmente fazer o que supostamente deve ser feito. [...] o controle de qualidade na linha de produção da montadora japonesa Toyota, por exemplo, é projetado para garantir que a empresa atenda às especificações. O problema da qualidade está resolvido. Sabemos como fazer produtos que funcionam bem em escalas que atendem às especificações; deveríamos estar buscando a excelência. Produzir algo verdadeiramente excelente é a única forma de construir vantagem competitiva porque robôs sofisticados (...) darão conta da tarefa trivial de cumprir as especificações e garantir a qualidade.[6]

10.3. Mantendo marca e reputação em alta

Agora, vamos imaginar, que tudo já está caminhando muito bem na sua jornada de desenvolvimento profissional como advogado. O poder de sua marca pessoal está lhe abrindo portas, trazendo novas oportunidades e a reputação construída alavanca a sua carreira. O que mais você precisa, além de usufruir dos benefícios dessa boa fase? E a resposta é simples: você precisa realimentar o ciclo para impulsionar as próximas voltas na espiral do tempo. É necessário agora manter em ação um processo de avaliação e reavaliação do seu sucesso para fazer ajustes e executar uma abordagem cada vez mais estruturada e orientada para os melhores resultados.

Para isso, oriento meus mentorados, que adotem um processo de avaliação de desempenho em quatro etapas. A primeira

---

[6] LIN, T. Seth Godin: Leadership *vs.* Management, reportagem de Tao Lin. *Nordic Business Report*, 16.04.2018. Disponível em: https://www.nbforum.com/nbreport/seth-godin-leadership-vs-management/. Acesso em: 25 ago. 2024.

é a análise da sua presença *on-line*. Todas as plataformas digitais dispõem de ferramentas gratuitas, que oferecem métricas e dados com os quais você pode acompanhar a performance de seu *site*, *blog* e páginas nas mídias sociais. Para avaliar e ajustar sua presença na rede, você deve acompanhar indicadores, como: quantas pessoas acessam; onde essas pessoas estão localizadas; quanto tempo permanecem; e, entre outros, quais são os conteúdos mais acessados e, claro, também os que tiveram menor engajamento.

Esse tipo de informação quantitativa é essencial e vai ajudar você a redirecionar sua presença *on-line* com o objetivo de buscar sempre os melhores resultados. Esses dados, por exemplo, permitem que você identifique facilmente qual das redes está agregando mais valor à jornada da sua marca pessoal. Existem também plataformas pagas, que integram seu desempenho nas diferentes mídias sociais, e são a ferramenta a ser usada, quando você sentir necessidade de uma análise mais sofisticada e completa. Em um primeiro momento, no entanto, considero possível executar uma avaliação de qualidade recorrendo apenas às métricas oferecidas gratuitamente.

Vale fazer aqui uma observação sobre tecnologia digital e a ciência de dados. Isso não é um monstro de sete cabeças, ao contrário, é um aliado, que dá voz ao seu público e traduz o intangível em ações estratégicas. Quantas vezes você já viu um post ganhar bastante engajamento enquanto outro, com aparentemente a mesma qualidade, vira um verdadeiro tiro n'água? A diferença, muitas vezes, está nos detalhes que os dados revelam. Dias, horários, formatos, temas: tudo conta. O engajamento de um post, a taxa de cliques de um artigo ou o número de compartilhamentos de uma opinião são mais do que números; são sinais claros, direções concretas de onde sua voz está ecoando, onde está criando impacto e, mais importante, onde está falhando.

É preciso se despir do orgulho de achar que já sabe tudo e vestir o avental do cientista: testar, medir, ajustar, testar de novo. É isso que os grandes *players* fazem. E é isso que você deveria fazer. Em vez de simplesmente "postar", é preciso 'observar, analisar e aprender'. Então, quando falamos de métricas, não se trata de vaidade; trata-se de estratégia. Não se trata de perseguir *likes*, mas de entender que eles são as pegadas que vão elevar você ao próximo nível. Os dados são a sua lupa e a sua bola de cristal; use-os para ver o que está à frente e para pavimentar o caminho. Porque, no final das contas, o sucesso é para quem não tem medo de mensurar para viabilizar o crescimento.

Depois dos relatórios frios e cheios de números, chega a hora de mergulhar no lado humano dos dados. A segunda etapa de avaliação é onde a mágica acontece: é quando você coleta e analisa as percepções que as pessoas têm sobre sua marca. É o momento de entender não só o que os números dizem, mas o que os sentimentos e opiniões contam. Porque um número sem contexto é só um número. Mas, quando você combina o quantitativo com o subjetivo, suas conclusões ganham vida. É como ajustar o foco de uma lente: você vê o quadro completo, percebe nuances, entende melhor onde está acertando e onde pode melhorar. É essa combinação de dados e percepção que transforma uma análise comum em uma interpretação poderosa. E é essa visão que transforma sua marca de uma presença indiferenciada para uma influência inquestionável. É com essa abordagem, que você pode adotar – em conjunto ou separadamente – pelo menos outras quatro iniciativas:

1. **Buscar *feedbacks* individuais**: entrevistar colegas, clientes e/ou mentores para perguntar sobre a percepção deles sobre sua marca pessoal e proposta de valor diferenciada. Quais são seus pontos fortes, os pontos de melhoria?

2. **Realizar pesquisa *on-line***: utilizar ferramentas gratuitas para pesquisar entre seu público-alvo como você é percebido em seu desempenho profissional a partir de sua presença *on-line*.

3. **Buscar *feedback* em tempo real**: sempre que fizer uma apresentação ou participar de algum evento, selecione uma ou duas pessoas e pergunte como foi sua performance e qual a percepção delas sobre você. Eu, pessoalmente, costumo fazer isso com os próprios organizadores do evento que me convidaram para a palestra.

4. **Realizar pesquisa específica**: pode ser que você, dentro do seu público-alvo, tenha grupos menores e de interesse mais específico. Nesse caso, não deixe de buscar também as recomendações valiosas dessas pessoas.

Na terceira etapa, você deve avaliar o grau de sucesso da sua jornada. Bons indicadores para isso são, por exemplo, o aumento de convites para participar de eventos, dar palestras, contribuir com artigos em publicações jurídicas e/ou dar aulas e seminários, além de reconhecimentos públicos como premiações. Mas não há a menor dúvida de que o maior e principal sinal de que você está conseguindo alavancar sua carreira como advogado é a entrada de novos clientes, especialmente aqueles que são indicados por pessoas que são ou já foram seus clientes. É exatamente a partir desse ponto que a gente pode dizer que sua marca pessoal está se tornando bem-sucedida. Esse boca a boca sobre o valor que você é capaz de agregar como advogado é que vai multiplicar exponencialmente os seus resultados. Só que, como a espiral do tempo não para, você também não pode deitar sobre os louros e só desfrutar da colheita...

Por essa razão, a quarta etapa do processo é a de ajustes estratégicos, que você fará a partir da análise conjunta dos dados quantitativos e qualitativos. Com exercícios de autoconhecimento, você identifica as necessidades mais específicas de sua nova etapa de vida e, além dos pontos fortes, também os pontos de melhoria. Por exemplo: pode ser que os dados quantitativos não correspondam às percepções subjetivas que você coletou nas entrevistas qualitativas. Ou seja, você está ampliando numericamente as suas conexões *on-line*, mas as pessoas que convivem com você, como clientes e colegas, não estão percebendo sua marca pessoal de forma mais positiva.

É preciso entender a razão dessa contradição. É muito mais fácil crescer quantitativamente *on-line*. Basta agir, por exemplo, como um polemista e você conseguirá mobilizar as pessoas polarizadas contra e a favor com forte engajamento em seu conteúdo. No entanto, esse dado quantitativo não tem potencial para melhorar a percepção de sua marca pessoal. É mais provável, inclusive, que tenha efeito contrário entre todas aquelas pessoas do seu público-alvo que rejeitam comportamentos radicais e polêmicos.

A partir do autoconhecimento e analisando sistematicamente esse tipo de lacuna, é que você encontrará as novas diretrizes estratégicas para a abordagem da sua marca pessoal – *on-line* e presencial. O fundamental é que, avançando com o tempo, você consiga manter o alinhamento entre o que você é e gosta de fazer e aquilo que as pessoas percebem a seu respeito. É assim, tijolo por tijolo, que você conseguirá construir uma marca pessoal sólida e sustentável como advogado.

Fonte: elaborada pela autora.

Para concluir, gostaria de destacar o seguinte: todos os meus mentorados – sem exceção – que empreenderam comigo essa jornada me dizem que gostariam de tê-la iniciado ANTES. Quando as pessoas começam a usufruir dos benefícios de sua marca pessoal bem configurada e desenvolvida, elas entendem que estavam perdendo inúmeras oportunidades de crescimento na carreira jurídica. Estavam perdendo, na realidade, oportunidades de trabalhar mais satisfeitas e com melhores resultados no dia a dia. Estavam desperdiçando possibilidades de sucesso profissional.

Depois que a pessoa compreende o ciclo virtuoso entre autoconhecimento, marca pessoal e elevação do patamar de desempenho na carreira, o processo é introjetado e se torna praticamente natural. Para dizer a verdade, é como se o ciclo passasse a ser intuitivo. Esse é um caminho que não tem volta... Só que essa é uma jornada que exige muita coragem e dedicação. É preciso enfrentar os medos, ter vontade de mudar e estar disposto a romper a bolha da inércia. Parar com as desculpas para tentar justificar permanecer na frente da tela do computador, refém exclusivamente das dimensões técnicas do Direito.

Às vezes, alguém me diz o seguinte: "Ah, Olívia... não gosto muito dessa ideia de me expor *on-line*. Nas mídias sociais, todo mundo é muito crítico. Prefiro, então, fazer um trabalho de marca com comunicação focada no presencial". Sinceramente, não vejo nenhuma impossibilidade nessa escolha. É possível, sim, percorrer uma jornada da sua marca pessoal sem recorrer à comunicação digital. Mesmo quando o mundo era analógico, o *marketing* pessoal e o *networking* sempre foram ótimos instrumentos para alavancar o desenvolvimento profissional. É provável apenas que o processo fique um pouco mais lento, pois você está perdendo o poder multiplicador do universo *on-line*, mas isso não é um impeditivo – desde que o mentorado aumente a dose de paciência ativa.

Nesse caso; costumo orientar ações táticas enfatizando o relacionamento face a face, mas... de vez em quando, observo que a pessoa, de fato, não está disposta a sair da frente da tela do computador. Ela está presa ao círculo vicioso da paciência passiva: diz que quer se desenvolver, mas está apegada ferreamente à sua zona de conforto e não se move para avançar – seja no mundo *on-line* ou no presencial. De que adianta configurar sua marca pessoal e proposta de valor diferenciada? Como é que os outros vão saber da sua existência e da sua capacidade de agregar valor, se você não consegue romper a bolha em que está vivendo? Bom, com certeza, esse não é o seu caso, porque percorreu comigo os dez capítulos desse livro e isso comprova a sua disposição transformadora.

Com esse livro, apesar de sabermos que essa jornada exige empenho e é longa para todos nós, espero ter contribuído para torná--la mais leve, proveitosa e bem-humorada. Descobrir novos caminhos, conhecer pessoas e aprender um pouco todo dia é o que faz a vida ser mais interessante, sem dúvida, muito mais interessante.[7] E a persistência dessa motivação é chave crucial. Para que você mantenha em mente os principais conceitos expostos neste livro, em cada capítulo, selecionei uma frase e formei meu decálogo da marca pessoal. Toda vez que sentir que sua paciência ativa está esmorecendo um pouco, essas ideias reunidas vão lhe renovar as energias. Com isso, vamos em frente! Sempre na direção de uma carreira bem-sucedida e sustentável na advocacia.

---

[7] Como falamos lá no Capítulo 5, a palavra interessante aqui deve ser entendida no sentido dado pelo psicanalista Contardo Calligaris em seu livro *O sentido da vida* (São Paulo: Planeta do Brasil, 2023): "Uma vida interessante {é aquela em} que você se autoriza a viver intensamente. Autoriza-se a viver com toda intensidade que todos os momentos da nossa vida merecem."

MEU DECÁLOGO DA MARCA PESSOAL

1 Todos já nascemos com uma marca pessoal. O verdadeiro desafio é aprender a gerenciá-la para projetar uma imagem autêntica e positiva e construir uma reputação de excelência.

2 As duas ferramentas mais poderosas para moldar sua marca pessoal são o autoconhecimento e o pensamento crítico — a primeira revela quem você é e a segunda guia a construção da sua proposta de valor realmente única.

3 Marca pessoal é a soma de liderança, mentalidade empreendedora e, principalmente, a conquista de um novo patamar como referência profissional e de maturidade pessoal.

4 Para gerar valor agregado e destacar sua proposta diferenciada, primeiro, defina um nicho jurídico de atuação, tenha clareza dos seus objetivos e conheça profundamente o seu público-alvo

5 A autenticidade é o alicerce da sua marca pessoal. É o que a torna legítima, sólida e confiável – além de sustentável.

6 Marca, *marketing* e reputação pessoal são como uma engrenagem bem azeitada: o autoconhecimento define a sua marca pessoal e o *marketing* pessoal comunica essa essência. Juntos, constroem a sua reputação profissional.

7 Comunicar é criar conexões e disso nasce a confiança nas relações interpessoais. Quem sabe se expressar com clareza e autenticidade constrói pontes e gera novas oportunidades. No fim das contas, comunicar bem é o alicerce para um *networking* poderoso.

8 Comunicação eficiente é uma constelação de "Cs": clareza, calma, coerência, consistência, constância e critérios técnicos e estratégicos. É saber o que dizer, como dizer e, principalmente, por que dizer. É estratégia em cada palavra, é técnica em cada pausa.

9 A reputação profissional é um ativo que é construído com o tempo e trabalho duro. A exceção de você mesmo, ninguém pode destruí-la. Por isso, tenha cuidado porque basta um deslize fora dos limites da ética e da integridade para vê-la desmoronar.

10 Não importa a especialização e o nicho jurídico que você escolheu para atuar como advogado. O que o mercado precisa mesmo é de gente que ama o que faz. Gente que coloca a alma no trabalho e faz bemfeito porque se entrega com prazer.

BIBLIOGRAFIA E REFERÊNCIAS DIGITAIS

ANDERSON, C. *A cauda longa – a nova dinâmica de marketing e vendas:* como lucrar com a fragmentação dos mercados. Rio de Janeiro: Elsevier, 2006.

ANDRADE, R. F. *Conexões empreendedoras* – entenda por que você precisa usar as redes sociais para se destacar no mercado e alcançar resultados. São Paulo: Gente, 2010.

BARSI, L. Biografia de Luiz Barsi. InvestNews. Disponível em https://investnews.com.br/perfis/luiz-barsi/. Acesso em: 22 ago. 2024.

BAUMAN, Z. *Modernidade líquida.* Disponível em https://mundoeducacao.uol.com.br/sociologia/modernidade-liquida.htm. Acesso em: 8 ago. 2024.

BOLLES, R. *Qual a cor do seu paraquedas?* Rio de Janeiro: Salamandra, 1996.

BURKE, P. *Ignorância* – uma história global. São Paulo: Vestígio, 2023.

CALLIGARIS, C. *O sentido da vida.* São Paulo: Planeta do Brasil, 2023.

COMTE-SPONVILLE, A. *Pequeno tratado das grandes virtudes.* São Paulo: WMF Martins Fontes, 2016.

CONSELHO FEDERAL DE PSICOLOGIA. Em nota técnica, Sistema Conselhos destaca incompatibilidades no uso da constelação familiar como prática da Psicologia. Disponível em: https://site.cfp.org.br/em-nota-tecnica-sistema-conselhos-destaca--incompatibilidades-no-uso-da-constelacao-familiar-como--pratica-da-psicologia/. Acesso em: 10 jul. 2024.

DWECK, C. *Mindset:* a nova psicologia do sucesso. Rio de Janeiro: Objetiva, 2017.

ES HOJE. *Medo de falar em público atinge 60% dos brasileiros.* 07.12.2022. Disponível em: https://eshoje.com.br/2022/12/medo-de-falar-em-publico-atinge-60-dos-brasileiros/. Acesso em: 12 jan. 2024.

FIA Business School. *Impacto social:* o que as empresas devem fazer para um mundo melhor? Disponível em: https://fia.com.br/blog/impacto-social/#:~:text=desafios%20e%20benef%C3%ADcios-,O%20que%20%C3%A9%20impacto%20social%3F,o%20de%20cadeia%20de%20valor. Acesso em: 1 mar. 2024.

FRIEDMAN, T. *A tecnologia está evoluindo mais rápido do que a capacidade humana.* Disponível em: https://epocanegocios.globo.com/Tecnologia/noticia/2018/03/tecnologia-esta--evoluindo-mais-rapido-do-que-capacidade-humana-diz--friedman.html. Acesso em: 9 ago. 2024.

FULLER, B. R. *Critical path.* New York: St. Martin's Griffin, 1982.

GODIN, Seth. *Isso é Marketing – para ser visto é preciso aprender a enxergar.* Rio de Janeiro: Alta Books, 2019.

GODIN, Seth. *Seth's Blog – The minimum viable audience.* Disponível em: https://seths.blog/2019/03/the-minimum-viable--audience-2/ Acesso em: 28 fev. 2024.

GODIN, Seth. *Seth Godin: leadership vs. management.* Nordic Business Report, 16.04.2018. Disponível em: https://www.nbforum.com/nbreport/seth-godin-leadership-vs-management/ Acesso em: 25 ago. 2024.

GOODWIN, T. *Darwinismo digital:* a sobrevivência do mais forte na era da disrupção. Rio de Janeiro: UBK Publishing House, 2020.

GRAY, D. Mapa da empatia. Disponível em: https://medium.com/the-xplane-collection/updated-empathy-map-canvas-46df22df3c8a. Acesso em: 29 abr. 2024.

GUANAES, N.; GUERRA, A. *Você aguenta ser feliz?* Como cuidar da saúde mental e física para ter qualidade de vida. Rio de Janeiro: Sextante, 2022.

HARDY, D. *O efeito composto: acelere o seu rendimento, a sua vida, o seu sucesso.* Rio de Janeiro: Alta Life, 2020.

IACONELLI, V. *Manifesto antimaternalista.* Rio de Janeiro: Zahar, 2023.

KIM, C. W.;MAUBORGNE, R. *A estratégia do oceano azul.* Rio de Janeiro: Sextante, 2019, edição estendida.

MACHADO, M. O. R. *Mentoria e coaching jurídicos.* Curitiba: Juruá, 2022.

MACHADO, M. O. R. *Produzindo conteúdo sem ver resultados na sua advocacia? Leia isto!.* LinkedIn, 02.04.2024. Disponível em: https://www.linkedin.com/pulse/produzindo-conte%C3%BAdo-sem-ver-resultados-na-sua-leia-isto-machado-4e95f/. Acesso em: 10 de julho de 2024.

MACHADO, M. O. R. Artigo postado no LinkedIn em 05 de julho de 2024. Disponível em https://www.linkedin.com/posts/mariaoliviamachado_carreira-advocacia-observaaexaeto-activity-7214967225332469762-lbVR/?utm_source=share&utm_medium=member_desktop. Acesso em: 12 jul. 2024.

MACHADO, M. O. R. Artigo postado no LinkedIn em julho de 2024. Disponível em: https://www.linkedin.com/posts/mariaoliviamachado_gestaetodecrises-lideranaexa-resiliaeancia-activity-7214635288755597313-8nRe/?utm_source=share&utm_medium=member_desktop. Acesso em: 24 jul. 2024.

MACHADO, M. O. R. Artigo postado no LinkedIn em 24 de agosto de 2024. Disponível em: https://www.linkedin.com/posts/

mariaoliviamachado_carreira-advocacia-marcapessoal-activity-7233109911444832256-NRsi/?utm_source=share&utm_medium=member_desktop. Acesso em: 28 ago. 2024.

MINARELLI, J. A. *Networking:* como utilizar a rede de relacionamentos na sua vida e na sua carreira. São Paulo: Gente, 2001.

MOURA, H. *Celular é a principal causa de acidentes de trânsito com pessoas de 20 a 39 anos.* Jusbrasil. Disponível em: https://www.jusbrasil.com.br/noticias/celular-e-a-principal-causa-de-acidentes-de-transito-com-pessoas-de-20-a-39-anos/1259053323#:~:text=Se%20o%20condutor%20for%20flagrado,de%20R%24%20293%2C47. Acesso em: 10 jul. 2024.

OAB Nacional. *Brasil tem 1 advogado a cada 164 habitantes; CFOAB se preocupa com qualidade dos cursos jurídicos*, artigo publicado em 02 de agosto de 2022. Disponível em: https://www.oab.org.br/noticia/59992/brasil-tem-1-advogado-a-cada-164-habitantes-cfoab-se-preocupa-com-qualidade-dos-cursos-juridicos. Acesso em: 14 out. 2023.

OAB Nacional. *Cartilha oferece esclarecimentos e diretrizes éticas sobre publicidade para advogados.* Disponível em: https://www.oab.org.br/noticia/62451/cartilha-oferece-esclarecimentos-e-diretrizes-eticas-sobre-publicidade-para-advogados?argumentoPesquisa=publicidade. Acesso em: 04 nov. 2024.

OAB Nacional. *OAB divulga dados inéditos sobre o perfil da advocacia brasileira.* 28.11.2023. Disponível em https://www.oab.org.br/noticia/61715/oab-divulga-dados-ineditos-sobre-o-perfil-da-advocacia-brasileira. Acesso em: 29 ago. 2024.

OAB Nacional. *Marketing jurídico*: como fazer publicidade em obediência ao Estatuto da OAB, 18.07.2023. Disponível em: https://www.oab.org.br/noticia/61196/marketing-juridico-como-fazer-publicidade-em-obediencia-ao-estatuto-da-oab#:~:text=%2D%20%C3%89%20permitida%20a%20presen%C3%A7a%20do,Disciplina%20e%20Provimento%20205%2F2021. Acesso em: 20 jun. 2024.

OPENAI. *AI and compute*, 16 maio 2018. Disponível em: https://openai.com/index/ai-and-compute/. Acesso em: 20 ago. 2024.

OSTERWALDER, A.; PIGNEUR, Y. *Business model generation*: inovação em modelos de negócios. Rio de Janeiro: Alta Books, 2011.

OSTERWALDER, A.; PIGNEUR, Y. Canvas da *Value Proposition* (Proposta de Valor). Disponível em: https://www.strategyzer.com/library/the-value-proposition-canvas. Acesso em: 4 mar. 2024.

PEARSON, C.; MARK, M. *O Herói e o fora da lei:* como construir marcas extraordinárias. São Paulo: Cultrix, 2003.

PEARSON, C. *O herói interior:* uma Introdução aos seis arquétipos que orientam a nossa vida. São Paulo: Cultrix, 2023.

PEARSON, C. *The 12-Archetype System.* Disponível em: https://www.carolspearson.com/about/the-pearson-12-archetype-system-human-development-and-evolution. Acesso em: 29 abr. 2024.

RAMOS, M. *Geração Z troca Google por buscas no TikTok, diz estudo.* Disponível em: https://www.cnnbrasil.com.br/economia/negocios/geracao-z-troca-google-por-buscas-no-tiktok-diz-estudo/. Acesso em: 3 jul. 2024.

SIMON, S. *Golden Circle*, conferência TED. Disponível em: https://www.youtube.com/watch?v=SAJyyl5jTpo. Acesso em: 15 abr. 2024.

SIRO, P. *75 frases famosas*. Birigui: Clipper, 2023.

SUSSKIND, R. *The end of the lawyers? Rethinking the nature of legal services.* Oxford: OUPress, 2008.

THIEL, C. *Perfil de Cliente Ideal (ICP):* o que é e como definir. Disponível em: https://cristianethiel.com.br/perfil-de-cliente-ideal/. Acesso em: 25 mar. 2024.

WOLTON, D. *Informar não é comunicar*. Porto Alegre: Sulina, 2010.

WOLTON, D. *Comunicar é negociar*. Porto Alegre: Sulina, 2023.

YONESHIGUE, B. Burnout: 1 a cada 5 profissionais de grandes corporações sofre de esgotamento no Brasil, mostra pesquisa inédita, reportagem. *O Globo*, 13.10.2022. Disponível em: https://oglobo.globo.com/saude/bem-estar/noticia/2022/10/burnout-1-a-cada-5-profissionais-de-grandes-corporacoes-sofrem-de-esgotamento-no-brasil-mostra-pesquisa-inedita.ghtml. Acesso em: 1 nov. 2023.